MensSana

Von Erich Bauer sind bei Knaur ebenfalls erschienen:
Alles über das Sternzeichen Widder
Alles über das Sternzeichen Stier
Alles über das Sternzeichen Zwillinge
Alles über das Sternzeichen Löwe
Alles über das Sternzeichen Jungfrau
Alles über das Sternzeichen Waage
Alles über das Sternzeichen Skorpion
Alles über das Sternzeichen Schütze
Alles über das Sternzeichen Steinbock
Alles über das Sternzeichen Wassermann
Alles über das Sternzeichen Fische

Über den Autor:
Erich Bauer, geb. 1942, von der BILD-Zeitung zu Deutschlands »Kultastrologen« erhoben, sagt täglich Millionen Menschen, wie der Mond steht und was er bewirkt. In diesem Buch geht er ins Detail und verrät die günstigsten Zeitpunkte.
Er ist Chefastrologe der weltweit größten Astrologie-Zeitschrift »Astrowoche«, bekannt durch regelmäßige astrologische Beiträge in Zeitschriften, Radio und im Fernsehen und Verfasser zahlreicher Veröffentlichungen über Astrologie und verwandte Themen. Erich Bauer betreibt eine eigene astrologisch-therapeutische Praxis in München und führt astrologische Seminare und Einzelsitzungen durch.

Erich Bauer

Alles über das Sternzeichen

KREBS
22. 6. – 22. 7.

Besuchen Sie uns im Internet: www.knaur.de
Alle Titel aus dem Bereich MensSana finden Sie im Internet unter
www.mens-sana.de

Überarbeitete Neuausgabe November 2010
Knaur Taschenbuch. Ein Unternehmen der Droemerschen Verlagsanstalt
Th. Knaur Nachf. GmbH & Co. KG, München
Copyright © 2010 Knaur Taschenbuch
Alle Rechte vorbehalten. Das Werk darf – auch teilweise –
nur mit Genehmigung des Verlags wiedergegeben werden.
Redaktion: Ralf Lay
Abbildungen: Erich Bauer
Umschlaggestaltung: ZERO Werbeagentur, München
Umschlagabbildung: FinePic®, München
Satz: Wilhelm Vornehm, München
Druck und Bindung: CPI – Clausen & Bosse, Leck
Printed in Germany
ISBN 978-3-426-87516-2

2 4 5 3 1

Krebs

22. Juni bis 22. Juli

DIE FAKTEN

Element *Wasser*
Gefühlshaftigkeit und seelische Tiefe, aber auch Unsichersein und Verlorenheit.

Qualität *Kardinal*
Stärke bis hin zu Verbissenheit.

Polung *Minus*
Weiblich, Yin, passiv, nach innen, mütterlich, empfangend.

Symbolik Das Tier *Krebs* als Symbol für Wasser, Seele, Geborgenheit, (innere) Empfindsamkeit und (äußeren) Schutz.

Zeitqualität
22. Juni bis 22. Juli
Die Umkehr der Sonne symbolisiert den Weg allen Seins zurück zum Ursprung.

Herrscherplanet *Mond* als Symbol des Gefühlshaften und Seelischen.

Stärken
Gefühlvoll, häuslich, sensibel,
fürsorglich, gemütlich

Reiseziele
Stadt Lüneburg, Venedig, Tunis
Land Holland, Paraguay, Mauritius
Landschaft Seenlandschaft

Magische Helfer
Farbe Blau
Stein Mondstein
Baum Weide
Tier Reh
Duft Jasmin

Die Persönlichkeit
5 Durchsetzung
10 Besitzstreben
2 Kontakt
10 Familie
6 Genuss
7 Pflicht
8 Liebe
9 Bindung
5 Ideale
4 Ehrgeiz
6 Originalität
8 Transzendenz

Inhalt

9 **Vorwort**

11 **Einleitung: Eine kurze Geschichte der Astrologie**
12 Der Ursprung
13 Die Blüte
15 Der Niedergang
16 Der Neubeginn

Teil I – Das Tierkreiszeichen

20 **Wichtiges und Grundsätzliches**
20 Wie wird man ein Krebs?
Kinder des Himmels – Kinder ihrer Jahreszeit – Kinder der Kultur – Kinder der Tierwelt – Ich fühle, also bin ich – Zu Hause in einer anderen Realität – Die Seelenwächter – Sonne und Mond – Die »Wachstumsmaschine«

33 Liebe, Sex und Partnerschaft
Der Astro-Flirt – Sind Krebse gut im Bett? – Sind Krebse gute Partner? – So hält man Krebse bei guter Laune – Über die Treue der Krebse – Das Eifersuchtsbarometer – Wie gut Krebse allein sein können – Weibliche Krebse auf dem Prüfstand – Männliche Krebse auf dem Prüfstand

43 Wie klappt's mit den anderen Sternzeichen?
Gegensätze ziehen sich an: Krebs und Steinbock – Knapp vorbei ist auch daneben: Krebs und Schütze/Krebs und Wassermann – Ein Vertrauter in der Fremde: Krebs und Skorpion/Krebs und Fische – Das verflixte Quadrat: Krebs und Widder/Krebs und Waage – Gute Freunde und mehr: Krebs und Stier/Krebs und Jungfrau – (Nicht immer) gute Nachbarn: Krebs und Zwillinge/Krebs und Löwe – Ich liebe … »mich«: Krebs und Krebs

71 **Der Krebs und seine Gesundheit**
71 Die Schwachstellen von Krebsgeborenen
Das Wunder Leben – Was auf den Magen schlägt – Wenn man sauer wird
74 Vorbeugung und Heilen
Konflikte sind gesund – Die Apotheke der Natur – Die richtige Diät für Krebse

78 **Beruf und Karriere**
78 Auf den Energiefluss kommt es an
79 Andere betütern
81 Das Arbeitsumfeld und die Berufe
Wo arbeiten Krebse am liebsten? – Berufe der Krebse

84 **Test: Wie »krebshaft« sind Sie eigentlich?**

Teil II – Die ganz persönlichen Eigenschaften

90 **Der Aszendent und die Stellung von Mond, Venus & Co.**
90 Vorbemerkung
92 Der Aszendent – Die individuelle Note
Die Bedeutung des Aszendenten – Der Krebs und seine Aszendenten
117 Der Mond – Die Welt der Gefühle
Die Bedeutung des Mondes – Der Krebs und seine Mondzeichen
135 Merkur – Schlau, beredt, kommunikativ und göttlich beraten
Die Bedeutung Merkurs – Der Krebs und seine Merkurzeichen
140 Venus – Die Liebe
Die Bedeutung der Venus – Der Krebs und seine Venuszeichen
148 Mars – Potent, sexy und dynamisch
Die Bedeutung des Mars – Der Krebs und seine Marszeichen
162 Jupiter – Innerlich und äußerlich reich
Die Bedeutung Jupiters – Der Krebs und seine Jupiterzeichen
174 Saturn – Zum Diamanten werden
Die Bedeutung Saturns – Der Krebs und seine Saturnzeichen
190 **Zum Schluss**

Vorwort

Astrologie ist eine wunderbare Sache
Sie verbindet den Menschen mit dem Himmel, richtet seinen Blick nach oben in die Unendlichkeit. Vielleicht steckt hinter dem Interesse an ihr zutiefst die Sehnsucht nach unserem Ursprung, unserem Zuhause, nach Gott oder wie immer man das Geheimnisvolle, Unbekannte nennen will.

Astrologie ist uralt und trotzdem hochaktuell
Die ersten Zeugnisse einer Sternenkunde liegen Tausende von Jahren zurück. Und dennoch ist sie brandneu. Es scheint, als hätte sie nichts von ihrer Faszination verloren. Natürlich hat sich die Art und Weise astrologischer Beschäftigung verändert. Während früher noch der Astrologe persönlich in den Himmel schaute, studiert er heute seinen Computerbildschirm. Damals konnte man nur von einem Kundigen eingeweiht werden, heute finden sich beinah in jeder Zeitung astrologische Prognosen.

Astrologie ist populär
Jeder kennt die zwölf Tierkreiszeichen. Man kann eigentlich einen x-beliebigen Menschen auf der Straße ansprechen und ihn nach seiner Meinung fragen: Er weiß fast immer Bescheid, sowohl über sein eigenes Sternzeichen als auch über die meisten anderen. Die zwölf astrologischen Zeichen sind Archetypen, die im Unterbewusstsein ruhen und auf die man jederzeit zurückgreifen kann.

Astrologie schenkt Sicherheit
Der Einzelne findet sich eingebettet in einer gütigen und wohlwollenden Matrix, ist aufgehoben, hat seinen Platz, so wie auch alle anderen ihren Platz haben.

Astrologie kann gefährlich sein
Die Astrologie liefert ein perfektes System. Konstellationen, die sich auf Bruchteile von Sekunden berechnen lassen, blenden und machen glauben, man habe es mit einer exakten Wissenschaft zu tun. Genau das ist aber falsch. Die Astrologie ist viel eher eine Kunst oder eine Philosophie. Ihre Vorhersagen sind immer nur ungefähr, zeigen eine Möglichkeit, sind aber kein Dogma. Astrologen wie Ratsuchende driften, wenn sie nicht achtgeben, leicht in eine Pseudowelt ab. In ihr ist zwar alles in sich stimmig, allein es fehlt am validen Bezug zur Wirklichkeit.

Ich bin Astrologe aus Passion
Ich lebe in dieser Welt, aber ich weiß auch, dass sie nicht alles offenbart. Ich freue mich, die Gestirne als Freunde zu haben, und glaube, dass ich so mein Schicksal gütig stimme. Das ist eine Hoffnung, kein Wissen.

Ich wünsche Ihnen beim Lesen Spaß und Spannung – und dass Sie sich selbst und andere besser verstehen.

Erich Bauer, im Frühjahr 2010

Einleitung:
Eine kurze Geschichte der Astrologie

Am Anfang jeder Geschichte der Astrologie steht das Bild des nächtlichen, mit Sternen übersäten Himmels. Der Mensch früherer Zeiten hat ihn sicher anders erlebt als wir. Er wusste nichts von Lichtjahren und galaktischen Nebeln. Er erschaute das Firmament eher vergleichbar einem Kind. Und als Kind der Frühzeit sah er sich nicht, wie wir heute, als getrennt von diesem Himmel, sondern als eins mit ihm. Er fand sich in allem und fand alles in sich. Und er folgte dem Rhythmus dieses großen Ganzen, ähnlich wie ein Kind seiner Mutter folgt. Dabei fühlte er sich wohl getragen und geborgen.

Wann die Menschheit anfing, sich aus diesem Gefühl der Allverbundenheit zu lösen, ist schwer zu sagen. Die überlieferten Zeichen sind rar und rätselhaft. Aber als der Homo sapiens begann, die Sterne zu deuten, war er dem großen Ozean seit Äonen entstiegen, er sah sich und den Himmel längst als getrennte Einheiten. Doch kam es irgendwann dazu, dass der Mensch Beziehungen zwischen den Sternbildern und dem Leben auf der Erde wiederentdeckte, deren Kenntnis er eigentlich schon immer besaß. Beispielsweise erlebte er, dass ein Krieg ausbrach, während am Himmel ein Komet auftauchte und die normale Ordnung der Sterne störte. Oder er empfand großes Glück, während sich am Firmament zwei besonders helle Lichter trafen. Er begann, solch auffällige Lichter mit Namen zu versehen: »Helios« beispielsweise – oder »Jupiter«, »Mars« oder »Venus«. Er ging sogar dazu über, bestimmte Sterne als Gruppen (Sternbilder) zusammenzufassen und ihnen Namen zu geben, etwa »Widder« oder »Großer Wagen«. Immer wieder beobachtete er typische Gestirnskonstellationen, die parallel zu markanten Ereignissen auf der Erde auftraten. Nach den Gesetzen der Logik entwickelte er aus diesen Zusammenhängen mit der Zeit eine Wissenschaft, die Astrologie, die ihm zum Beispiel die Schlussfolgerung erlaubte, dass auf der

Erde Gefahr droht, wenn Mars in das Tierkreiszeichen Skorpion eintritt. So fand der Mensch allmählich seine verlorene Einheit wieder und baute eine Brücke, die ihn mit seinem Urwissen verband, das er im Inneren seiner Seele aber nie wirklich verloren hatte.

Der Ursprung

Die Urheimat der Sternkunde war nach heutigem Erkenntnisstand Mesopotamien, das Land zwischen den Flüssen Euphrat und Tigris, das jetzt »Irak« heißt. Dort war der menschliche Geist wohl am kühnsten und vollzog als Erster endgültig die Trennung zwischen Mensch und Schöpfung. Die Sterne am Himmel bekamen Götternamen, etwa den des Sonnengotts Schamasch und der Göttin Ischtar, die auch als Tochter der Mondgöttin verehrt wurde und die sich als leuchtender Venusstern offenbarte. Da der Mond, die Sonne und einige andere Lichter im Vergleich zu den Fixsternen scheinbar wanderten, nannte man diese Planeten »umherirrende« oder »wilde Schafe« und unterschied sie von den »festgebundenen« oder »zahmen Schafen« – den Fixsternen, die vom Sternbild Orion, dem »guten Hirten«, bewacht wurden. Der größte Planet des Sonnensystems, mit heutigem Namen »Jupiter«, war im Land zwischen den zwei Strömen ein Sinnbild des Schöpfergottes Marduk. Sein Sohn und Begleiter hieß »Nabu« und wurde später zu »Merkur«. Das rötlich funkelnde Gestirn Mars wiederum war die Heimat des Herrn der Waffen, der genauso als Rachegott angesehen wurde. Saturn war ebenfalls bereits entdeckt worden und wurde als eine »müde Sonne« betrachtet. Außerdem galt Saturn als Gott der Gerechtigkeit, Ordnung und Beständigkeit. Gemeinsam mit anderen Göttern erhob sich schließlich der Rat der zwölf Gottheiten, und damit hatten auch die zwölf verschiedenen astrologischen Prinzipien ihren Auftritt. Zu all diesen Erkenntnissen kam man im Zweistromland etwa zwischen dem 7. und 4. vorchristlichen Jahrhundert.

Man hat Tafeln aus dem 2. Jahrhundert vor Christus gefunden, auf denen Beobachtungen über den Lauf von Sonne, Mars und Venus eingezeichnet waren. Auch Zeugnisse von ersten Geburtshoroskopen stammen aus dieser Zeit. Im Jahr 1847 wurden bei den Ruinen von Ninive 25 000 Tontafeln ausgegraben. Man datierte sie ins Jahr 600 vor Christus. Auf einem Teil dieser Tafeln befinden sich Weissagungen, die, mit etwas Zeitgeist aufgefrischt, ohne weiteres der astrologischen Seite einer modernen Tageszeitung entstammen könnten: »Wenn Venus mit ihrem Feuerlicht die Braut des Widders beleuchtet, dessen Schwanz dunkel ist und dessen Hörner hell leuchten, so werden Regen und Hochflut das Land verwüsten.«

Das ist eine »professionelle« astrologische Vorhersage. Damit war Spezialistentum an die Stelle einer ganzheitlichen Naturerfahrung getreten. Denn inzwischen hatte nur der fachkundige Astrologe die Zeit und das Wissen, den Himmel zu studieren, um daraus Rückschlüsse auf die Ereignisse im Weltgeschehen zu ziehen. Bald musste dieser Fachmann auch nicht einmal mehr den Himmel selbst beobachten. Spätestens im 1. Jahrhundert vor Christus gab es Ephemeriden. Das sind Bücher, aus denen die Stellung der Gestirne zu jeder beliebigen Zeit herausgelesen werden kann. Die Astrologie, wie sie auch heute noch betrieben wird, war damit endgültig geboren.

Die Blüte

In den nun folgenden anderthalbtausend Jahren erlebte die Astrologie eine Blütezeit kolossalen Ausmaßes. Dafür steht ein so bedeutender Name wie Claudius Ptolemäus. Er lebte im 2. Jahrhundert nach Christus und vertrat das geozentrische Weltbild mit der Erde im Mittelpunkt, auf das sich die Menschheit nach ihm noch länger als ein Jahrtausend beziehen sollte. Er war Geograph, Mathematiker und ein berühmter Astrologe und Astronom, der das bis in unsere Zeit fast unveränderte Regelwerk der Astrologie verfasste, den *Tetrabiblos*, welcher aus vier Büchern besteht. Darin riet er zu einer sorgfältigen Gesamtschau des Geburtshoroskops. Er erwähnte auch, dass man bei der Beurteilung eines Menschen ebenso dessen Milieu und Erziehung berücksichtigen solle, was einer modernen ganzheitlichen psychologischen Betrachtungsweise entspricht.

Eine spätere Berühmtheit in der Geschichte der Astrologie war Philippus Theophrastus Bombastus von Hohenheim (1493–1541), der sich selbst stolz »Paracelsus« nannte. Er war Arzt, Alchemist sowie Philosoph, und von ihm stammt jener von Astrologen so viel zitierte Satz: »Ein guter Arzt muss immer auch ein guter Astronomus sein.« Dazwischen lebte der Bischof Isidor von Sevilla (560–636). Er schrieb, ein Arzt solle immer auch sternkundig sein. Erwähnt werden muss natürlich die berühmte weibliche Vertreterin einer sternenkundigen Heilkunst, Hildegard von Bingen (1098–1179). Sie war fasziniert von den Analogien zwischen Himmel und Erde, sammelte Kräuter, pflanzte sie im Klostergarten an und schrieb über die Wirkung der Mondphasen. Sicher war die heilige Hildegard nicht der einzige weibliche astrologisch denkende Mensch. Aber ihr Name sei hier stellvertretend genannt für all die Frauen, die als Tempelpriesterinnen, Nonnen und angebliche Hexen ihr ganzheitliches Wissen über die Jahrhunderte hinweg weitergegeben haben.

Bis ins 16. Jahrhundert dauerte die Hoch-Zeit der Astrologie. Beinah alle angesehenen Denker – wie Platon und Aristoteles im Altertum, Naturwissenschaftler wie Nikolaus Kopernikus (1473–1543), Johannes Kepler (1571–1630) und Galileo Galilei (1564–1624) – dachten astrologisch und berechneten auch Horoskope. Am bekanntesten ist das von Kepler angefertigte Horoskop Wallensteins aus dem Jahr 1608. Die Astrologie wurde an den Universitäten gelehrt, und auch viele Bischöfe und einige Päpste förderten die Sternkunde. Wie es heute selbstverständlich ist, dass ein Naturwissenschaftler Einsteins Relativitätstheorie kennt und versteht, so war damals jeder denkende Kopf in der Astrologie bewandert.

Der Niedergang

Bereits Ende des 16. Jahrhunderts hatte die Astrologie ihren guten Ruf in vielen Ländern Europas verloren. Es gab päpstliche Anordnungen wie die Bulle »Constitutio coeli et terrae« von 1586, in der ein Verbot der Astrologie ausgesprochen wurde, und die meisten Universitäten schafften ihren Lehrstuhl für Astrologie ab.

Worauf war dieser rapide Niedergang zurückzuführen? Es gibt sicher zahlreiche Gründe. Der wichtigste ist, dass sich der menschliche Geist von den Fesseln tradierter Vorstellungen zu befreien begann. Er löste sich mit der Reformation von Rom und später mit der Französischen Revolution von seinen königlichen und kaiserlichen »Göttern«. Da war es nur konsequent, sich auch von den »Göttern am Himmel« loszusagen. Der zweite Grund war der, dass sich im Laufe der Zeit grobe Fehler astrologischer Vorhersagen herumsprachen. So hatte es wohl keine Prophezeiung gegeben, die den Dreißigjährigen Krieg oder die Pest rechtzeitig in den Sternen sah. Der dritte Grund wird häufig von den professionellen Astrologen angeführt. Sie behaupten, dass die falschen Propheten, also die unseriösen Astrologen, der wahrhaften Sterndeutekunst das Aus bescherten. Eine Kunst wie die Astrologie lockt natürlich auch faustische Gestalten an, die davon besessen sind, dem Schicksal einen Schritt voraus zu sein. Solche Schwarmgeister und falsche Propheten haben der Astrologie bestimmt geschadet, besonders auch, weil durch die Erfindung der Buchdruckerkunst jede selbst noch so törichte Prophezeiung in einer hohen Auflage verbreitet werden konnte. Aber den guten Ruf der Astrologie haben letztlich auch sie nicht ruiniert.

Nein, es waren die Astrologen selbst. Als im 16. und 17. Jahrhundert durch immer neue Entdeckungen die Erde ihre zentrale Stellung verlor und sich ein völlig neues naturwissenschaftliches Verständnis durchsetzte, versuchte die Astrologie, mitzuhalten, und verlor wegen ihrer unhaltbaren Thesen jeden Kredit in den gelehrten Kreisen. Schon Kepler, der seiner Zeit um Jahrzehnte voraus war, hatte die Astrologen gewarnt und ihnen geraten, ihre Kunst nicht auf einen naturwissenschaftlichen, sondern auf einen philosophischen Boden zu stellen. Er sagte, es sei unmöglich, zu denken, dass die Sterne mittels irgendwelcher Strahlungen die menschliche Seele berühren könnten. Er sprach in diesem Zusammenhang von einem astrologischen Instinkt, der im menschlichen Geist verankert sei. Aber sein »psychologischer Ansatz« wurde überhört und ging schließlich völlig unter. Die Astrologen sahen sich im Gegenteil dazu veranlasst, immer hanebüchenere »wissenschaftliche« Thesen aufzustellen. Die Folge war ein gewaltiges Gelächter der gesamten gelehrten Welt im 17. Jahrhundert, das bis heute noch nicht verklungen ist.

Der Neubeginn

Erst im 19. und dann besonders im 20. Jahrhundert besann sich der Mensch wieder vermehrt seiner fernen Vergangenheit. Der Schweizer Psychiater C. G. Jung etwa sagte, dass die Astrologen endlich darangehen müssten, ihre Projektionen, die sie vor Jahrtausenden an den Himmel geworfen hätten, wieder auf die Erde zurückzuholen. In jeder menschlichen Seele seien die Kräfte der astrologischen Archetypen, der archaischen Urbilder, enthalten und dort wirksam. So wird der Raum am Himmel mit den Zeichen und Planeten zu einer Landkarte menschlicher Anschauung. Dabei ist es nicht so, dass zum Beispiel der Planet Mars die Geschicke *bestimmt*, sondern er *zeigt* durch seine Position den Gesetzen der Analogie folgend *auf*, was in der menschlichen Seele vor sich geht.

Nach seiner jahrtausendelangen Reise heraus aus der Allverbundenheit hat der Mensch also begonnen, den Bezug zu seinen Ursprüngen wiederherzustellen. Er besinnt sich als kritischer und freier Geist darauf, was schon immer in ihm vorhanden war. Damit beginnt die Ära einer psychologischen oder philosophischen Astrologie. Und das ist auch die Geburtsstunde einer Astrologie, die ganzheitlich denkt und arbeitet.

In etwa parallel zu dieser allmählichen Hinwendung zur Psychologie und Philosophie übernahmen Computer mit entsprechender Software den komplexen Rechenvorgang zur Erstellung eines Geburtshoroskops. Bis vor vielleicht zehn, zwanzig Jahren gehörte es zum Standardkönnen eines jeden Astrologen, Horoskope zu berechnen und zu zeichnen. Dies ist sehr wahrscheinlich einer der Gründe, warum Frauen unter den Sterndeutern damals deutlich in der Minderzahl waren. Es ist einfach nicht ihr Metier, sich mit trockenen Zahlen und komplizierten Berechnungen herumzuschlagen, wo es doch um seelische Vorgänge geht – und diese Feststellung ist in keiner Weise abwertend gemeint, denn heute sind Frauen unter den Astrologen bei weitem in der Überzahl.
Der PC spuckt nach Eingabe von Name, Geburtsdatum, -ort und -zeit in Sekundenschnelle das Horoskop aus. Die astrologische Kunst scheint jetzt »nur« noch darin zu bestehen, die Konstellationen richtig zu deuten. Und auch hier ersetzt der Computer mehr und mehr den Astrologen. Es gibt schon seit einigen Jahren Programme, die mit entsprechenden Textbausteinen zu bemerkenswert treffenden Aussagen kommen. Ist dies nun das Ende der Sterndeuter? Ich meine: im Gegenteil! Überlassen wir dem »Computer-Astrologen« ruhig die Grundarbeit. Das spart Zeit. Dafür kann der »Mensch-Astrologe« die einzelnen Fakten im Sinne einer ganzheitlichen Schau zusammentragen und sich völlig dem Verständnis der einmaligen, individuellen Persönlichkeit widmen. Ebendafür ist ein großes Maß an Intuition, die ja gerade eine weibliche Stärke ist, mit Sicherheit von Vorteil.

Teil I
Das Tierkreiszeichen

Wichtiges und Grundsätzliches

Die Erde dreht sich bekanntlich einmal im Jahr um die Sonne. Von uns aus gesehen, scheint es aber so zu sein, dass die Sonne eine kreisförmige Bahn um die Erde beschreibt. Der Astrologie wird vielfach vorgeworfen, sie ignoriere diesen grundlegenden Unterschied. In Wirklichkeit ist er für die astrologischen Horoskopdeutungen jedoch nicht von Bedeutung.

Diesen in den Himmel projizierten Kreis nennt man »Ekliptik«. Die Ekliptik wird in zwölf gleich große Abschnitte gegliedert, denen die Namen der zwölf Stern- bzw. Tierkreiszeichen zugeordnet sind. Zwischen dem 22. Juni und dem 22. Juli durchläuft die Sonne gerade den Abschnitt Krebs, weswegen dieses Tierkreiszeichen auch das »Sonnenzeichen« genannt wird.

Beginnen wir jetzt mit der Betrachtung des Sonnen- oder Tierkreiszeichens, dem dieser Band gewidmet ist, um zunächst einmal herauszufinden, was denn nun »typisch Krebs« ist.

Wie wird man ein Krebs?

Kinder des Himmels

Wer Anfang Februar um Mitternacht in den Himmel blickt, kann in südlicher Richtung das Sternbild Krebs erkennen. Es ist recht unscheinbar, und man braucht einige Zeit, um es zu entdecken. Aber wem es gelingt, die richtigen Gestirne mit Linien zu verbinden, sieht eine Art Spinnennetz, in dessen Mitte sich ein Sternhaufen mit bloßem Auge erkennen lässt. Sein Name: »Praesaepe« bzw. »Praesepe« oder – übersetzt – »die Krippe«. Unter dem unendlichen Sternenhimmel mag dem nächtlichen Betrachter jetzt der Gedanke kommen, dass er einen Blick in die Wiege des Kosmos wirft, und er könnte sich fragen, was ihm Wörter wie »Geburt«, »Ursprung«, »Kindheit«, »Heimat« und »Mutter« bedeuten.

Das Himmelszeichen Krebs führt den Menschen in sehr tiefe und verborgene Räume seiner Seele. Es ist nicht einfach, darüber zu sprechen; man braucht vor allem Zeit und Offenheit. Aber wer sich einlässt, dem offenbart sich sein allerinnerstes Sein.

Kinder ihrer Jahreszeit

Am 21. Juni beginnt für die nördliche Halbkugel der Sommer. An einem klaren Morgen steigt die Sonne fast senkrecht in den azurblauen Himmel und erwärmt rasch die Luft. Die Natur versteckt sich: Üppiges Grün verwächst zu unzugänglichen Büschen und Hecken, gestaltet sich unter Bäumen zu unsichtbaren Höhlen. Der Wald wird zum Dom, der die Stille fängt. An den Blättern vorbei bricht sich das helle Licht der Sonne – wärmt die Schatten der Geborgenheit. Draußen auf den weiten Feldern schwillt das Korn, und auf manchen Bäumen reifen die ersten Früchte. Das Lied der Lerche weckt Sommerträume.

Beim Eintritt in das Krebszeichen erreicht die Sonne ihren höchsten Punkt. Dann kehrt sie um und steht nun jeden Tag ein Stück weniger hoch am Himmel. Aber überall hinterlässt sie ihre Spur: Die ganze Natur ist zur großen Mutter geworden – und zu einem Sinnbild für Reifung, Geborgenheit und Geburt; denn überall in den Leibern der weiblichen Tiere oder in den Nestern und Schlupfwinkeln der Vögel keimt neues Leben.

Kinder der Kultur
In der Nacht vom 21. auf den 22. Juni, auch in den Nächten davor und darauf, werden in vielen Ländern Europas die Sonnwend- oder Johannisfeuer angezündet. Gegen Ende springen die mutigsten Burschen und Mädchen über die noch brennende Glut. Symbolisch soll das Feuer reinigen und stählen; und wer es durchspringt, wird damit zu einem Mann oder einer Frau. In Österreich, zum Beispiel im Kaisergebirge, entzündet man auf hohen Bergzinnen mehrere kleine Feuer, deren Schein weit in die Täler dringt. Mancherorts werden auch Feuerräder geflochten und brennend ins Tal hintergelassen.
Zwischen Juni und Juli finden vielerorts Dorf- und Städtegründungsfeste statt, man feiert die Geschichte. Als Beispiel sei die Dinkelsbühler Kinderzeche angeführt. Alljährlich Mitte Juli drehen sich die Uhren bis ins Mittelalter zurück. Damals wurde die Stadt wie durch ein Wunder vor der Zerstörung bewahrt. Andere bekannte Feste sind das »Kaltenbacher Ritterturnier«, die »Landshuter Hochzeit« oder der »Schwedentrunk in Rothenburg«. Der Sinn dieser Veranstaltungen ist eigentlich immer der gleiche: Man geht zurück in der Zeit – zu den Anfängen und Wurzeln der Stadtgeschichte – und feiert aus Dankbarkeit und zur Erinnerung ein Fest.
Auch der Geburtstag eines jeden Menschen, gleich, ob er nun im Februar oder im Oktober stattfindet, ist eigentlich ein ausgesprochenes Krebsritual: Man feiert den Tag, an dem einem das Leben geschenkt wurde.
In den Monaten Juni und Juli beginnen in allen europäischen Ländern die großen Ferien. Der Staat (Steinbock) überlässt der Familie (Krebs) ihre Kinder. Weder Schule noch Arbeit sollen jetzt das Familienglück stören.

Kinder der Tierwelt
Krebse sind Wassertiere, und die meisten von ihnen leben im Meer. Sie haben fast immer zwei Paar Fühler, und der Körper ist von einem dicken Panzer aus Chinin umhüllt. Um wachsen zu

können, müssen sie diesen sprengen und abwerfen, also sich häuten. So ist die Entwicklung von der kleinen Krebslarve mit nur einem Auge und wenigen Füßen bis zum erwachsenen Krebs mit vielen Gliedern und den großen Facettenaugen ein kontinuierlicher Vorgang der Verwandlung.

Der Krebs ist ein unglaublich scheues Tier. Nur im Gefühl vollkommener Sicherheit wagt er sich aus dem Wasser. Bei der leisesten Bewegung oder bei einem leichten Schatten huscht er in sein schützendes Versteck zurück. Manche Krebstiere der Meere legen sich neben ihrem eigenen Panzer eine zusätzliche Schutzmaßnahme zu und nisten sich in einer Muschelschale ein.

Krebse haben einen seltsamen Gang. Sie gehen oft seit-, manchmal sogar rückwärts. Manche Astrologen sehen darin eine Verbindung zur Sonne, die, wenn sie das Krebszeichen betritt, wieder »rückwärts«-läuft, das heißt täglich weniger hoch in den Himmel steigt. Aber auch mit dem Mond besteht ein enger Zusammenhang; dieser klettert täglich ungefähr eine dreiviertel Stunde später über den Horizont.

Zurück zum Krebs: Der gefährlichste und gleichzeitig von Feinschmeckern begehrteste Teil eines Krebses ist seine Zange oder Schere, die bei manchen, im tiefen Meer beheimateten Tieren unglaubliche Ausmaße annehmen kann. Der Muskel zum Öffnen und Schließen der Schere ist so stark wie bei einer Muschel. Wenn der Krebs nicht freiwillig loslässt, muss man mit Brachialgewalt die ganze Schere zerbrechen.

Ich fühle, also bin ich

Mit dem vierten Zeichen des Tierkreises oder Zodiaks, dem Krebs, beginnt eine völlig neue symbolische Seinsebene: Jetzt geht es nicht mehr um die Eroberung (Widder), Inbesitznahme (Stier) und die Erforschung (Zwillinge) des äußeren, sondern des inneren Raumes. Der Krebs ist das erste Wasserzeichen im astrologischen Tierkreis. Man kann daher sagen, der Mensch, der sich bisher das Feuer (Widder) zu eigen gemacht, sich dann die Erde (Stier) angeeignet und zuletzt das Element Luft (Zwillinge) erobert hat, steht im Abschnitt Krebs vorm Wasser. Begibt er sich hinein, betritt er diese geheimnisvolle Welt, in der die Seele »wohnt«. Er beginnt eine Reise in sein Inneres, ins Land der Träume, Mythen und Märchen – und damit ins Reich der Flüchtigkeit.

Wasser kann man fühlen, ja, sogar kosten, aber es hat keine eigene Form, sondern fügt sich jedem Behältnis, füllt das Flussbett und ergießt sich schließlich ins weite Meer. Wasser ist in der Astrologie und in allen anderen esoterischen Anschauungen ein Bild für die Seele. Also müssen wir uns die Seele so ähnlich wie Wasser vorstellen: Wir können sie – bildlich – »ertasten«, sie sogar »kosten«, aber sie rinnt davon, schmiegt sich in jede Form und verströmt sich irgendwann im Unbestimmten.

Krebsmenschen sind »Seelentaucher«. So wie der Widder den äußeren Raum erobern will und mit jedem in der Außenwelt errungenen Sieg seine Bestimmung erfüllt, so tauchen Krebse in den Raum der Seele.

Eine berühmte Krebspersönlichkeit war Hermann Hesse. In all seinen Erzählungen und vielen seiner Gedichte ist diese Suche nach der Seele zu spüren. Man denke an das *Glasperlenspiel* oder *Narziss und Goldmund*. Hesse zu lesen heißt, in eine andere Wirklichkeit zu tauchen. Sie ist nicht auf einem fremden Planeten, nicht einmal in einem anderen Land. Sie beginnt unmittelbar im eigenen Selbst.

Ein weiterer Krebs war Marcel Proust. Nach dem Tod seiner Mutter zog er sich wegen seines schweren Asthmaleidens fast völlig aus der Gesellschaft zurück. Er verbrachte den Rest seines Lebens in einem schalldichten, mit Korkplatten isolierten Raum am Pariser Boulevard Haussmann. Dort widmete sich Proust über fünfzehn Jahre lang dem siebenteiligen Romanzyklus *Auf der Suche nach der verlorenen Zeit*. Sowohl das Thema seines Romans wie auch die Art der Entstehung sind sozusagen »klassisch Krebs«.

Der berühmte Maler und Krebsgeborene Rembrandt van Rijn zeigte im 17. Jahrhundert eine andere Seite von Krebsen: ihre fortwährende Selbstbespiegelung. Seine genialen Bilder lassen auf ein komplexes Verständnis der Seele schließen, aber seine zahlreichen, teilweise phantastischen oder mythologisch überhöhten Selbstporträts zeugen auch von einem lodernden Interesse an sich selbst.

Zu Hause in einer anderen Realität

Der sogenannten Realität stehen Krebse misstrauisch gegenüber. Das kann einfach nicht alles sein! Märchen, Träume, Poesie, ein Gemälde, Musik, Ahnungen, Phantasie – sind dies nicht ebenso Wirklichkeiten? Man denke an den Song »Morning has broken« des Krebsmusikers Cat Stevens (der irgendwann »untergetaucht« ist und für Außenstehende unvorhergesehen ein überzeugter Moslem wurde). Man denke an die »Tragische« des Komponisten und Krebses Gustav Mahler oder den Film »La belle et la bête« (»Es war einmal«) des Regisseurs Jean Cocteau, ebenfalls ein Krebs.

»Wenn ich nicht träume, bin *ich* nicht …!« Das ist Krebsphilosophie! Jeder Krebsgeborene ist »süchtig« nach diesem Raum der Phantasie und der Gefühle. Er braucht nur die Augen zu schließen, um in ihm zu sein. Er muss lediglich innehalten, um darin zu versinken, ein Buch lesen, Musik hören, ein Bild betrachten … Ja, er schwelgt in diesen Räumen. Er braucht sie – so, wie richtige Krebstiere das Wasser benötigen.

Ist Ihnen auch schon mal aufgefallen, wie schnell und plötzlich Krebse aus der Gegenwart »abtauchen« können? Wie häufig wirft man ihnen vor, sie seien nicht richtig anwesend? Ich traf einst eine Krebsgeborene und gute Bekannte auf der Straße. Sie lief an mir vorbei, höchstens zwei, drei Meter entfernt. Ihre Augen nahmen zwar auf, was in ihrem Umfeld geschah, aber nur so weit, dass sie die Orientierung nicht verlor. In ihren Gedanken war sie ganz woanders. Vielleicht hat sie in diesem Augenblick – in ihrer Welt – an mich gedacht (wenigstens behauptete sie dies später, als wir uns wieder einmal trafen), aber sie hat mich nicht »wirklich« gesehen. Das ist jedenfalls typisch für Krebse.

Jeder Mensch taucht nachts ab in seine Krebswelt, in das Reich der Träume, des Unbewussten, der Phantasie. Krebse befinden sich jedoch auch während des Tages immer an der Grenze zu dieser Dimension – und schreiten leichten Trittes hinüber und ebenso leicht wieder zurück.

Zuweilen verschwinden sie jedoch für längere Zeit in ihrer Welt: Wenn ein Krebs sich in sein Inneres zurückzieht und unerreichbar ist, kann das die Menschen in seinem Umfeld mitunter zur Verzweiflung bringen. Tagelang schafft er es, sich zu verkriechen, ist da und dennoch nicht anwesend. Dann verdauen Krebse das »normale« Leben. Sie brauchen das.

Die Seelenwächter

Krebse sind Seelenwächter. Sie müssen die Außenwelt psychisch verarbeiten, und sie müssen protestieren, wenn dies nicht mehr möglich ist. Vertreter anderer Sternzeichen können üble Zustände verdrängen oder sonst wie aus ihrem Leben ausschließen. Ein Krebs nicht. Er muss die sogenannte Wirklichkeit seelisch verdauen. Und wenn sie ihm aufstößt, ist das ein sicheres Zeichen dafür, dass etwas nicht mehr stimmt. Rastet ein Krebskind aus oder zieht es sich über Tage in sein Zimmer zurück, isst es nicht mehr und tut es wirre Dinge – dann empfindet es seine Umgebung als seelisch nicht mehr tragbar. Wenn ein erwachsener Krebs gemütskrank wird, dann heißt das klipp und klar, dass entweder die berufliche oder die private Situation ungenießbar geworden ist. Verlässt ein Krebs seine Beziehung oder kündigt er seinen Job, ist das ein überdeutliches Alarmsignal. Krebse sind keine Ratten, die das sinkende Schiff zuerst verlassen, eher ist der Krebs der Kapitän, der als Letzter von Bord geht. Aber wenn er geht, hat das Schiff ein irreparables Leck!

Krebse sind auch in einer weiteren Hinsicht mit Wasser vergleichbar. Sie können sich jeder Form anpassen. Ja, ihre Lebensaufgabe scheint gerade darin zu bestehen, die Welt draußen, die sogenannte Wirklichkeit, mit Seelischem zu füllen. Wenn ein Krebs ein Baby auf den Arm nimmt, wird er selbst zum Kind, lallt zuckersüße und unzusammenhängende Laute, sagt wahrscheinlich: »Du, du, du ...« und »Dä, dä, dä ...« und anderes für erwachsene Menschen »albernes« Zeug. Betritt derselbe Krebs das Zimmer des Chefs, der ihn gerufen hat, weil etwas nicht stimmt, dann erstarrt er schon an der Tür, wird innerlich kalt und steif, so als würde er gleich liquidiert werden. Sitzt der Krebs im Fußballstadion und seine Mannschaft hat gerade ein Tor geschossen, dann wird er mit der tosenden Menge von seinem Sitz aufspringen und so laut »Tooooor!« schreien, dass es ihm schier die Lungen zerreißt. Wohlverstanden, es handelt sich hier nicht um eine solche Form der Anpassung, wie das bei der Jungfrau der Fall ist, sondern um ein Mitgehen und Mitschwingen.

Der Krebs bringt das seelische Prinzip zum Ausdruck. Wenn es Traurigkeit ist, dann wird er Bäche von Tränen weinen (in einem Hollywoodfilm, in dem der Held in den Armen seiner Geliebten stirbt, kann man Krebse daran erkennen, dass sie am lautesten schluchzen – und wenn das Kino gleich nach dem seligen Dahinscheiden des Helden zu Ende ist, an den rötesten Augen). Ist die Stimmung fröhlich, dann lachen Krebse lauter als alle anderen, exzessiver als Kinder. Manchmal sind sie auch ausgelassen in Situationen, in denen alle anderen traurig scheinen – und umgekehrt: Sie sind oft bekümmert, wenn die Übrigen sich amüsieren. Dann ist dies immer ein Zeichen dafür, dass die wirklichen seelischen Schwingungen ganz anders sind, als es die Mehrzahl der anderen Menschen ausdrückt. Krebse nehmen die reale Stimmung auf, nicht die künstlich erzeugte.

Das ist auch der Grund, warum sie wunderbare Clowns sein können: Der Narr ist ja immer einer, der die Dinge unverkrampft und unverlogen wahrnimmt, sie aber dann – weise – der Lächerlichkeit preisgibt, damit »die Seele« über ihre eigene Blindheit lachen kann. »Seelen-Schupo« könnte man ihn auch nennen, den Krebs, weil er dafür zuständig ist, dass das Seelische nicht zu kurz kommt, missachtet oder verbogen wird.

Sonne und Mond

Bei einem typischen Krebs ist es ähnlich wie beim Mond! Er nimmt bekanntermaßen Licht von der Sonne auf und spiegelt es wider. Man muss die Art seines Lichts, seinen glänzenden Schein, nur als Sinnbild für die »Seelenkraft« sehen. Dann weiß man sicher, was ich meine. Beobachten Sie einmal unseren Trabanten: Zwei bis drei Tage nach Neumond hebt er sich aus dem Nichts der Nacht als schmale Sichel gegen den Himmel ab, nimmt dann täglich zu, bis zwei Wochen später eine volle, runde, leuchtende Kugel ans Firmament steigt. Dann nimmt er ab, bis er, wieder knapp zwei Wochen später, völlig aus unserem Sichtfeld verschwunden ist.

Ähnlich besteht das Sein eines Krebsgeborenen darin, Seelenkraft aufzunehmen und wieder zur Verfügung zu stellen. Ohne diese

Kraft, die nährt (wie das Licht der Sonne den Mond erst zum Scheinen bringt), ist ein Krebs leer, ohne Leben, dunkel (im Italienischen heißt »Neumond« zum Beispiel neben *la luna nuova* auch *la luna nera* [= »der schwarze Mond«]).

Aber was ist mit »Seelenkraft« eigentlich gemeint? An erster Stelle stehen Liebe, Anerkennung und Achtung. Der »Seelenfluss« besteht aus jenen »Stoffen«. Nur wenn ein Krebs diese bekommt, kann er sie auch wieder abgeben, also wie der Mond strahlen und richtig lebendig sein. Ein Krebs »verdorrt«, wenn dieser Strom versiegt. Krebse, die apathisch und krank werden, bekommen kein Licht mehr von der Sonne; gemeint ist damit, dass sie sich nicht mehr geliebt und geachtet fühlen. Und ähnlich, wie sich der Mond – sinnbildlich gesprochen – immer so zur Sonne stellt, dass er möglichst viel von ihrem Licht erhält und wieder abgeben kann, so ist auch das Krebsleben daran orientiert, reichlich von diesem »Seelenstoff« zu empfangen und an andere zu verteilen.

In aller Regel strahlt ein Krebskind vom ersten Tag seines Erdenlebens seine Eltern an, damit sie ihm ebenso Liebe schenken. Es braucht diese Liebe wie eine Pflanze das Licht, um zu wachsen. Ein Krebskind ist fast immer ein besonderer »Wonneproppen«, es gibt viel Liebe, um Liebe zu bekommen. Es scheint »süchtig« danach zu sein und sein ganzes Verhalten dahin gehend auszurichten. Doch seine Seele verdunkelt sich, wenn der Liebesstrom versiegen sollte.

Krebsstars und -künstler sind besondere Empfänger und Sender für Seelisches: Sie sonnen sich in der Gunst des Publikums und schenken ihm dafür Stimmungen für die Seele – ein Lied, ein Gedicht, ein Schicksal … Einige Beispiele gefällig? Ute Lemper, Mireille Mathieu, Carlos Santana, Ringo Starr, Cat Stevens; Isabel Adjani, Yul Brynner, Bill Cosby, Harrison Ford, Gina Lollobrigida, Meryl Streep, Sylvester Stallone, Donald Sutherland; Ernest Hemingway, Hermann Hesse, Franz Kafka, George Orwell; Gustav Mahler; Käthe Kollwitz, Rembrandt van Rijn, Peter Paul Rubens – sowie Ingmar Bergman, Jean Cocteau und Helmut Dietl.

Auch Löwegeborene sind Stars. Aber Löwen sind aktiver aus sich selbst heraus, sie gestalten ihren Erfolg, sie erschaffen sich auch ihre Anhänger. Krebse hingegen sind die Stars, die den Wunsch und den Willen des Publikums instinktiv erfassen, aufgreifen und widerspiegeln – auch dies geschieht ähnlich wie beim Mond, der das Licht der Sonne reflektiert. Zuweilen wird ein besonders begnadeter Krebs zum Mysterium, der die (unbewussten) Träume und Sehnsüchte einer ganzen Zeit aufnimmt und spiegelt: Prinzessin Diana war eine derartige »Lichtgestalt«. Lebten wir in den Zeiten, in denen die griechischen Mythen entstanden, würde sie wohl als neues Sternbild am Himmel erscheinen ...

Die Liebe, die der Krebs empfängt, gibt er wieder ab. Und dennoch ist es nicht der gleiche »Stoff«, genau wie ja auch der Mond das Licht der Sonne nicht einfach reflektiert. Mondlicht ist weicher, diffuser, lieblicher als Sonnenlicht. Vor allem aber birgt es eine geheimnisvolle, lebenspendende Substanz: Das Ablaichen vieler Meerestiere geschieht im Einklang mit dem Mond. Der Zug der Aale findet jährlich exakt im gleichen Mondstand statt. Zugvögel legen nach dem Eintreffen in ihrem Sommeraufenthaltsort die Eier ausschließlich zu bestimmten Mondstellungen ab. Der Seeigel laicht nur bei Vollmond, und zwar auch dann, wenn der Himmel wochenlang bedeckt ist. Bäume dehnen sich mit dem Mondlauf aus und ziehen sich wieder zusammen. Ist der »Stoff«, der vom Mond kommt, gar eine Art Lebenselixier, wie es »Mondfrauen« – also Frauen, die ihr Leben nach dem Mond richten – immer wieder behaupten?

Die »Wachstumsmaschine«
Beim Krebsprinzip jedenfalls verhält es sich ähnlich! Auf mysteriöse Weise ist ihm etwas zu eigen, das Leben zu gebären und zu erhalten vermag. Zentrale Ereignisse im Zeichen des Krebses sind Empfängnis, Schwangerschaft und Geburt. Auch die Fürsorge und Liebe einer Mutter (eines Vaters natürlich genauso) für das heranwachsende Kind wird als »typisch Krebs« aufgefasst. Über-

haupt ist der Krebs ein Symbol für »Leben, Mütterlichkeit, Befruchtung, Schwangerschaft, Geburt und Ernährung«. Das Krebsprinzip wird zum großen Mysterium, zum Urquell des Lebens, zum »Yin« (weiblich, minus, Mond), das zusammen mit einem »Yang« (männlich, plus, Sonne) neues Leben kreiert. (Die Verknüpfung von »weiblich« und »minus« wird dabei lediglich als eine Seite der Polarität allen Seins verstanden und ist in keiner Weise abwertend gemeint.)

Entsprechend sind Krebsmenschen »kinderfixiert«. Ich kenne nur eine verschwindend kleine Anzahl von Krebsgeborenen ohne eigenen Nachwuchs. Das sind Ausnahmen. Ein typischer Krebs wähnt sich ohne ein Kind nicht erfüllt, glaubt, dass er ohne Nachkommen an seiner Bestimmung vorbeilebt. Ich kenne Krebsfrauen, die bereits mit sechzehn zum ersten Mal Mutter wurden. Ich kenne eine Krebsfrau, die sechzehn Kinder bekommen hat. Ich weiß von einer weiteren, die sich so lange von ihren Männern getrennt hat – insgesamt fünfmal, darunter drei Scheidungen –, bis es mit dem sechsten Mann endlich klappte: Sie bekam eine Tochter.

Krebsmänner können freilich ebenso wie ihre Geschlechtsgenossen mit einem anderen Tierkreiszeichen naturgemäß zwar keine Kinder bekommen, was viele von ihnen *zutiefst* bedauern, aber ab dem ersten Schrei ihres Sohnes oder ihrer Tochter sind sie allzeit bereit und entwickeln sich zu phantastischen »Vatermüttern«. Ich weiß von mehreren Fällen, bei denen die Kinder nach der Scheidung bei ihrem Krebsvater aufwuchsen, aber ich kenne kein einziges Beispiel, bei dem die Kinder nach der Trennung nicht bei der Krebsmutter geblieben wären.

Das lebenspendende Prinzip ist beim Krebs nicht auf den Vorgang von Schwangerschaft, Geburt und anschließender liebevoller Fürsorge beschränkt. Vielmehr ist sein ganzes Leben ein großes Geben und Nehmen. Auf ein kurzes Motto gebracht, kann man treffend sagen: »Wo ein Krebs ist, blüht das Leben!« In seiner Nähe fühlt man sich wohl, man ist gern sein Gast, und man lässt sich noch lieber von ihm verhätscheln und verwöhnen ...

Ich glaube manchmal auch, es sind besonders die Krebse, die den berühmten »grünen Daumen« haben; jedenfalls gedeihen Blumen unter ihrer Obhut eher als anderswo. Aber auch große Dinge entwickeln sich in der unmittelbaren Nähe eines Krebses besser. So etwas ließe sich natürlich nur schwer statistisch beweisen. Aber ich mache immer wieder die Erfahrung, dass der Krebs wie ein Wachstumsmittel auf Geld, Erfolg und Ansehen wirkt – und auf Kinder sowieso.

Allerdings möchte ich hier noch einmal betonen, dass der Krebs nur dann geben und nähren kann, wenn er auch etwas bekommt. Das darf nie vergessen werden. Ich sage das vor allem deswegen zum wiederholten Mal, weil Krebse dazu neigen, auch dann weiterzugeben, wenn sie selbst nichts mehr erhalten, und schließlich sehr schnell austrocknen und leer sind wie der Neumond.

»Ich kann nur strahlen, wenn ich angestrahlt werde!« Das muss der Krebs sich über seinen Toilettentisch schreiben (den er über alles liebt, denn er spiegelt sich auch gern selbst, ist eitel), über sein Bett (das Schlafzimmer ist sein Heiligtum, denn dort ist er seiner Seele nahe) und an die Wand seiner Küche (dort »füttert« er so gern andere mit Liebe), und zwar in Großbuchstaben.

Die Praxis der Psychotherapeuten ist gefüllt mit Krebsen, die immer noch geben, aber schon lange nichts mehr bekommen. Sie leben in völlig zerrütteten Verhältnissen oder arbeiten in einem Beruf, der ihnen nicht einmal genug Geld, geschweige denn die geringste Anerkennung oder Achtung bringt.

Es gibt aber auch Krebse, die sich selbst vom Lebensstrom abwenden. Als würde der Erdtrabant immer in einer Neumondposition verharren, in der er keinerlei Licht von der Sonne empfängt und daher auch nichts zur Erde reflektieren kann, so verschließen sich diese Menschen gegen den seelischen Strom und kapseln sich ab. Dahinter steckt fast immer eine große Enttäuschung im Zusammenhang mit dem eigenen Vater, die dazu geführt hat, dass der Krebs ihm die Anerkennung verwehrt. Da in der Astrologie die Sonne für den Vater steht, wird damit auch die eigene Sonne als lebensspendende Kraft abgelehnt; somit empfängt der betreffende Krebs keine Kraft – und kann dann natürlich auch keine abgeben. Hilfe versprechen hier die therapeutische Analyse der Vergangenheit mit einer Aufarbeitung der Vaterproblematik und die Besinnung auf die tieferliegenden Zusammenhänge des Krebsprinzips.

Typische Krebsgeborene sind faszinierende Menschen. Wie dem Mond haftet ihnen der Mythos des Rätselhaften und Transzendenten an. Sie sind mit dem Geheimnis des Lebens vertrauter als irgendeines der übrigen Zeichen. Aber sie sind auch der Nacht und damit Ängsten und Täuschungen näher als andere. Es ist daher kein Zeichen von Schwäche, wenn sie in entsprechenden Fällen Hilfe suchen; es zeigt höchstens, dass sie wissend sind.

Liebe, Sex und Partnerschaft

Da sitzen Sie nun mit einem Krebs, haben wundervoll zusammen gegessen, mit den Gläsern angestoßen, sich verliebt in die Augen geschaut. Und Ihr Herz ist übervoll, Sie müssen sich einfach Luft machen: »Ich liebe dich …!«, seufzen Sie vielleicht. Doch Ihr Krebs wird lächeln, erröten, zur Seite sehen, Ihnen vielleicht einen Kuss auf die Wange hauchen – und schweigen … Sie warten und warten, doch schließlich (immer vorausgesetzt, Sie sind selbst kein Krebs) halten Sie es einfach nicht mehr aus und fragen: »Und du, liebst du mich auch …?« Es folgt ein langes, bedrückendes Schweigen. Dann die Antwort, fast nur gehaucht: »Ich weiß nicht! Was ist eigentlich Liebe …?«

Sie sind verzweifelt, der herrliche Abend ist verpfuscht. Sie gehen allein nach Hause, liegen noch lange wach in Ihrem Bett. Sehen sie/ihn vor sich, zermartern sich das Hirn darüber, ob er/sie Sie nun wiederliebt oder nicht – da klingelt das Telefon. Es ist Ihr geliebter Krebs, lachend und schäkernd: »Ich glaube, ich hab mich verliebt!« – »Ach ja? In wen denn …?« – »In deine Augen … Nein, in deine Wimpern!« Beim nächsten Mal sind vielleicht Ihre Ohrläppchen dran ... dann Ihre Daumen. Aber ob er Sie ganz liebt, Ihre ganze Person, das werden Sie wahrscheinlich nie von ihm zu hören kriegen. Der/Die Krebsgeborene wird Sie heiraten. Dann kommt ohnehin das Kind, und das liebt ein Krebs in jedem Fall viel mehr, als er Sie liebt. Und trotzdem, selbst wenn ein Krebs nie mit deutlichen Worten seine Liebe beteuert: Er liebt Sie immer noch mehr, als es jeder Vertreter eines anderen Sternzeichens könnte. Sie sind ein Teil von ihm. Ihr Krebs würde sich, ohne mit der Wimper zu zucken, in einen reißenden Fluss oder in ein brennendes Haus stürzen, um Sie zu retten. Ihr Krebs tut alles für Sie. Nur verlangen Sie nicht von ihm, dass er auf Anhieb sagt, dass er Sie liebt.

Der Astro-Flirt
Krebse sind scheu. Wie wirkliche Krebse im Wasser fühlen sie sich nur wohl auf ihrem gewohnten Terrain, also in ihren eigenen vier Wänden. Natürlich können sie äußerlich ganz cool und gefasst bleiben. Aber ihr Innenleben ist dabei stets wie auf der Flucht. Vor allem benötigen sie endlos lange, bis sie Vertrauen fassen. Der Krebs misstraut im Grunde allem und jedem. Denn diese scheuen, empfindsamen Menschen haben große Angst, verletzt zu werden. Um sich davor zu schützen, ziehen sie sich oft in die Sicherheit der Einsamkeit zurück. Diese Neigung ist umso bedauerlicher, da Krebse ja wie gesagt ein starkes Bedürfnis nach Liebe, Partnerschaft, einem gemeinsamen Heim und Familie haben, und macht die Kontaktaufnahme und eine Beziehung mit ihnen sehr schwer.
Ein Flirt ist für sie stimmungsabhängig. Sind sie »gut drauf«, fühlen sie sich in ihrer Umgebung wohl und die Atmosphäre stimmt, riskieren sie durchaus mehr als einen Blick, und man kommt leicht mit ihnen ins Gespräch. Am besten über die Themen Kochen, Geschichte oder lustige Jugenderlebnisse. Einen Krebs bereits am ersten Abend auf einen Kaffee und mehr zu sich nach Hause einzuladen, das sollte man tunlichst unterlassen, sonst ist das sensible Krebslein gleich wieder verschwunden.

Sind Krebse gut im Bett?

Ein Krebs empfindet eine derartige Frage als Zumutung. Man kann ein Bett danach testen, ob es gut ist, das heißt weich und bequem, und wie man darauf liegt, aber niemals einen Menschen und seinen intimsten Ausdruck, nämlich die Sexualität! Auf der anderen Seite ist ein Krebs wie alle Wasserzeichen unglaublich neugierig. Setzen Sie sich ans Meer oder an einen Fluss und legen Sie irgendetwas Glitzerndes an den Rand des Wassers, zum Beispiel eine Glasscherbe, in der sich die Sonne spiegelt – und warten Sie. Wenn nur irgendwo in der Nähe ein Krebs haust, kommt er schließlich aus seinem Versteck, vorsichtig mit seinen langen Fühlern tastend, immer bereit zur Flucht. Genauso ist jeder Krebsgeborene. Sosehr er sich auch entrüstet über derartige Untersuchungen, so sehr will er es wissen. Der waschechte Krebsmann ist der klassische Pornokonsument – heimlich natürlich. Und die Krebsfrau tuschelt über nichts lieber hinter vorgehaltener Hand als ebendie Ergebnisse solcher »unzumutbaren« Untersuchungen.

Also, wie fällt er jetzt aus, der Test für den Krebs in puncto Sex? Er kann sich sehen lassen! Vielleicht ist der Krebs in technischer Hinsicht nicht auf dem neuesten Stand. Sicher wird er trotz seiner Neugier von der einen oder anderen Hemmung gehindert, etwas auszuprobieren, was an die Grenze zur Unnatürlichkeit reicht. Aber all dies macht er durch seine Hingabe leicht wieder wett. Bei der Kür gehört er sicher nicht zu den Gewinnern, aber dafür bei der Pflicht, weil er sie so zärtlich, so offen, so gefühlvoll zelebriert.

Wenn ein Krebs nicht gerade durch irgendeine sexualfeindliche Haltung verbogen wurde, bekommt er bei jedem Geschlechtsverkehr einen Orgasmus, egal, ob Mann oder Frau; und jedes Mal fliegt er davon, gleitet auf Wolke sieben und ist so dabei, als ginge es tatsächlich immer darum, wieder ein Kind zu empfangen bzw. zu zeugen. Liebe mit einem Krebs ist schlichtweg himmlisch und ohne jeden schalen Beigeschmack.

Sind Krebse gute Partner?

Wenn man mit einem Krebs verheiratet ist oder mit ihm in einer sogenannten eheähnlichen Gemeinschaft lebt, beginnt das Leben im Schlafzimmer. (Über seine Künste im Bett wurde ja soeben berichtet. Hier geht es um etwas anderes, nämlich die Atmosphäre.) In den ersten ein bis zwei Jahren genügen einem Krebs ein großes Bett, passende Musik, viele Kerzen, Kissen und einige Pflanzen. Nach dieser Zeit wandert sein Interesse aus dem Schlafzimmer in die Küche. Er kauft Pfannen, Töpfe, das neueste Mixgerät, und er braucht unbedingt einen geräumigen Kühlschrank, einen großen Gefrierschrank und vor allem einen riesigen Herd. Ab sofort geht bei ihm die Liebe durch den Magen. Und wenn die Partner wissen wollen, ob sie ihr Krebs noch liebt, sollten sie unbedingt seine Pasta, seine Marillenknödel oder sein Kalbsbries versuchen.

Nach weiteren ein bis zwei Jahren wird dann ein anderer Lebensraum entdeckt und eingerichtet: bequeme Sessel, Sofas und vor allem Bücher und Musik. Jetzt spielt sich die Liebe vorm Fernseher oder bei gemeinsamer Lektüre von Journalen und Büchern ab. Aber auch hierbei vermag man zu messen, wie groß des Krebses Liebe ist, nämlich daran, wie viele Stunden man so gemeinsam verbringen kann. Während dieser ganzen Jahre ist alles gewachsen. Zunächst Sie, der Partner eines Krebses: Sie haben die ganze erotische Phantasie erfüllt und sind damit ein zufriedener Mensch geworden. Dann Ihr Schlafzimmer: Es ist gemütlich und sauber, und die Pflanzen reichen in der Zwischenzeit bis an die Decke. Ihre Küche könnte in jedem Magazin für »schöneres Wohnen« abgebildet werden (und die Gerichte Ihres Krebses stehen denen in einem Sternelokal nicht viel nach). Jetzt haben wir noch nicht erwähnt, dass auch Ihr Familienstand auf mindestens zwei Kinder, eine Katze und/oder einen Hund angewachsen ist. Übertrieben? Dann haben Sie keinen hundertprozentigen Krebs an Ihrer Seite – oder Sie kennen ihn noch nicht lange genug …

So hält man Krebse bei guter Laune

Der Krebs ist ein Haustier. Wie gesagt fühlt er sich nirgends so wohl wie in den eigenen vier Wänden. Daher macht man ihm auch keine größere Freude, als ihm dabei zu helfen, sein geliebtes Zuhause noch schöner werden zu lassen. Man schenke ihm ein Bild, ein Kissen, Kerzen, Musik, ein scharfes Küchenmesser, Kochbücher oder Ähnliches. Genauso glücklich ist er, wenn man ihn bei sich zu Hause bekocht, statt ihn in ein Restaurant zu entführen. Natürlich kriegt einer, der kein Krebs ist, den Nudelsalat niemals so schmackhaft hin wie ein Juni-Juli-Geborener. Auch die Gastfreundschaft wird nie dermaßen freundlich und herzlich sein. Trotzdem ist der Krebs froh, nicht in irgendeinem unpersönlichen Restaurant zu sitzen, wo ihn allemal die Seele zwickt und zwackt.
Des Weiteren muss eines von vornherein klar sein: Seine Familie geht vor! 99 von hundert Krebsen lieben ihre Familien, und es ist sehr unwahrscheinlich, dass Sie gerade an den einen geraten sind, der dies nicht tut: Also reden Sie nur in den allerbesten Tönen von Ihren Eltern – und natürlich erst recht von seinen, gleich, ob Sie sie schon gesehen haben oder nicht.
Sie müssen, wenn Ihr Krebs jung ist und noch keine eigenen Kinder hat, natürlich damit rechnen, dass er sehr bald welche haben möchte. Also schauen Sie sich schon mal nach einer größeren Wohnung um!
Ist Ihr Krebs älter, war er verheiratet, ist jetzt geschieden, dann gehen seine Kinder immer vor! Nehmen wir an, Ihre neue Krebsliebe hat einen Sohn, der Sie bei der ersten Zusammenkunft ignoriert. Dann haben Sie eigentlich schon verloren, es sei denn, es gelingt Ihnen, das Gemüt dieses Kindes doch noch irgendwie umzustimmen. Das Gleiche gilt für seine Katze und seinen Hund. Wenn Sie also einen Krebs glücklich machen wollen, dann freunden Sie sich mit seinen Kindern, seinen Tieren und Pflanzen an, bevor Sie die Frage stellen, ob er Sie heiraten möchte.

Über die Treue der Krebse

Ein richtiger Krebs hebt alles auf. In seinem Keller bzw. auf dem Speicher stehen immer noch die Spielsachen seiner Kinder, oft sogar auch noch die eigenen. Vielleicht finden sich sogar ein paar Windeln darunter, die damals nicht gebraucht wurden. Im Wohnzimmer ist ganz bestimmt ein Regal oder eine größere Kiste, ausschließlich für Bilder reserviert. Darin gibt es unzählige Fotos, nicht unbedingt vom Krebs selbst, aber von seinen Kindern, Eltern, den Großeltern und natürlich vom Partner bzw. von der Partnerin. Irgendwo befindet sich der Schlüssel zum ersten Fahrradschloss ...

Wohlverstanden, es geht nicht um all die Gegenstände an sich, sondern um die daran geknüpften Erinnerungen und Emotionen. Letztendlich ist es diese kleine Portion Seele, die an jedem Bild, jedem Schmuckstück klebt. Kann man so etwas einfach verbrennen oder auf den Müll werfen?

Nein, Krebse sind nicht treu – sondern super-, mega-, wahnsinnstreu. Sie sind so treu, dass man einen Krebs über Jahre in einem Betrieb schlichtweg vergessen kann: Er wird nicht kündigen. Sie sind so treu, dass ihr Partner eine Geliebte bzw. einen Geliebten haben kann: Sie werden ihn nicht vor die Tür setzen. Sie sind so treu, dass ihre Kinder sie nach Strich und Faden belügen können: Sie werden sie nicht im Stich lassen, wenn sie mal in der Patsche sitzen.

Natürlich ist auch bei Krebsen irgendwann der letzte Tropfen gefallen: Sie kündigen, reichen die Scheidung ein, werfen ihre Kinder aus dem Haus – aber in ihrem Herzen bleibt es immer so, wie es war, als sie sich alle einmal liebten ...

Das Eifersuchtsbarometer

Es ist nicht einfach, die Eifersucht von Krebsmenschen in Worte zu fassen. Auf der einen Seite leidet ein Krebs natürlich entsetzlich, wenn er befürchtet, seine geliebte andere Hälfte zu verlieren. Das ist, als würde man einen Teil aus ihm herausreißen, als hörte die Sonne plötzlich auf zu scheinen ... Krebse können aus Eifersucht leiden wie Tiere, werden stumm, ziehen sich zurück, sagen kein Wort mehr, sind unansprechbar. Auf der anderen Seite ist die Liebe eines Krebses so groß, dass er sich selbst verbietet, seinem Partner Hürden in den Weg zu legen, wenn dieser eigene Wege einschlägt. Sosehr er leidet, sosehr gönnt er seinem Partner doch, dass er Glück und Liebe auch »außer Haus« sucht. Es ist ein schier unlösbarer Konflikt zwischen Eifersucht, fast krankhaftem Besitzstreben und Festhalten einerseits und genauso großem Mitgefühl andererseits.

Daher ist es wichtig, dass sich kein Krebs zu etwas zwingt, was ihm gegen den Strich geht. Wenn er eifersüchtig ist, soll er ruhig lamentieren, sich beschweren, eine Szene machen ... Still vor sich hin zu leiden schadet ihm sehr.

Wie gut Krebse allein sein können

Ein Krebs, der allein ist, lebt entweder bei seinen Eltern oder in seiner Vergangenheit, die er mit seinem Hund oder seiner Katze teilt. Oder er ist traurig und wartet auf den Menschen, den er endlich glücklich machen und lieben kann. Mit anderen Worten, ein Krebs ist nicht fürs Alleinsein geboren, wenigstens nicht während der ersten fünfzig Jahre seines Lebens.

Seine ganze Existenz gründet darauf, dass er aufnehmen und geben kann. Aber wohin damit, wenn er niemanden streicheln, massieren, bekochen, bemuttern, betütern kann?

Ich kenne viele Krebse, die offiziell allein leben, sich eine Wohnung, sogar ein Haus gekauft haben mit einem wunderhübschen Balkon nach Westen zur untergehenden Sonne hin. Aber wo verbringen sie die Abende? Bei Freunden, bei Verwandten, und wenn es gar kein Ersatzzuhause gibt, irgendwo in einer Kneipe. Sie brauchen Gesichter, die sie kennen, und wenn's allein der Barkeeper ist.

Weibliche Krebse auf dem Prüfstand

Die Krebsfrau ist die geborene Mutter und verkörpert, ähnlich einer italienischen *mamma* mit Pasta und veritablem Busen oder der First Lady einer Nation, das Urmütterliche schlechthin. Männer erliegen ihr, so wie sie ihrer Mutter erlegen sind. Ein Mann, der einer Krebsfrau nicht huldigt, hat wohl ein ungelöstes Mutterproblem.

Leider stimmt der Schluss nicht auch andersherum. Man kann nicht davon ausgehen, kein Mutterproblem zu haben, wenn man eine Krebsfrau liebt. Es gibt auch scharenweise Männer, die genau deswegen auf sie fliegen, weil sie endlich erhoffen, »Mamas Liebling« zu sein. Somit steckt jede Krebsfrau in der misslichen Lage, ihren Partner nicht nur als Mann und Vater ihrer Kinder zu nehmen, sondern häufig auch als Klienten – mit ihr als Psychotherapeutin, die unter Umständen kranke Männerphantasien zurechtrücken muss.

Sie ist schön, egal, wie sie aussieht, denn sie strahlt innere Schönheit aus. Sie fühlt sich als richtige Frau und gibt damit einem Mann das Gefühl, ein richtiger Mann zu sein. Sie verbreitet einen Zauber, dem auch die Freunde ihres Mannes erliegen. Sie hat Magie; was sie berührt, vermehrt sich, in ihrer Umgebung blüht und reift das Leben. Sie ist unglaublich reich an inneren Ressourcen und seelischer Kraft.

Existieren etwa jetzt noch irgendwelche Zweifel, dass sie die Beste ist? Nennen wir sicherheitshalber auch ihre Nachteile: Sie ist sagenhaft ungerecht, wenn es um das Thema Eifersucht geht. Sie erlaubt sich, jederzeit mit anderen Männern zu flirten und zu schäkern. Tut er's, ist er ein Schuft. Jeder Mann gerät neben ihr allmählich an den Rand einer Persönlichkeitsspaltung: Einmal will sie ihn als Sohn, dann als Mann, und drittens soll er ihr Daddy sein.

Oh, und dann noch ihre Launen! Wer die verstehen will, studiere zuerst Freuds Psychoanalyse, dann die Quadratur des Kreises und zum Schluss Einsteins Relativitätstheorie … Sie ist dermaßen launisch, dass man nicht einmal das Zimmer verlassen kann, ohne sicher sein zu können, dass sie, wenn man zurückkommt, nicht eine ganz andere ist.

Männliche Krebse auf dem Prüfstand

Der Krebsmann verkörpert das Ideal eines gefühlvollen, zärtlichen, romantischen Mannes, der Frauen versteht und ihnen das Gefühl vermittelt, etwas Besonderes, Einmaliges zu sein. Er kommt auch nicht wie ein Aufreißer daher; eher ist er schüchtern und wartet mit dem Balztanz, bis die Frau die Initiative ergreift. Überhaupt versteht er es prächtig, bei einer Frau Muttergefühle zu wecken. Und ist er nicht tatsächlich wie ein kleiner Junge, der nicht richtig weiß, was in dieser rauhen Welt gespielt wird? Braucht er nicht eine starke Frau an seiner Seite, die ihn dirigiert, ihn unterstützt und aufbaut, ihn tröstet und bemuttert?

Aber Vorsicht! Dieser Mann vergleicht jede Frau – unbewusst oder wissentlich – mit seiner eigenen Mutter. Und es gehen bestimmt Wochen, Monate, wenn nicht Jahre dahin, bis er endlich seiner Frau das Kompliment macht: »Jetzt hast du meine Mutter eingeholt …!«

Es gibt allerdings auch Krebsmänner, die behaupten, mit ihrer Mutter fertig zu sein. Diese wiederum sind mit besonderer Vorsicht zu genießen. Denn was die Großhirnrinde glaubt, ist noch lange nicht die ganze Wahrheit. Viel eher will ein Krebs, der sagt, er sei fertig mit dem »Muttertrip«, nur ganz besonders verhätschelt werden.

Ist es ein Krebsmann wert, dass man auf ihn wartet, um ihn kämpft und mit seiner Mutter konkurriert? Ehre, wem Ehre gebührt! Niemand weiß eine Frau besser zu verwöhnen, göttlicher zu bekochen, zärtlicher zu liebkosen und ausdauernder zum Höhepunkt zu bringen als er. Natürlich hat so viel Hingabe auch ihren Preis: Krebse wollen ihre Partnerin ganz und immer, da wird nicht gehandelt. Gefrustete Ehefrauen finden bei ihnen kein aufbauendes Ruheplätzchen und erlebnishungrige Teenies keine nächtliche Schlafstelle. Und allen Neugierigen, die von ihrem zarten Fleisch zwar naschen, aber auf die Köstlichkeiten anderer astrologischer Vertreter nicht verzichten möchten, droht ultimativ die rote Karte: aus! Ein Krebsmann will alles!

Gibt er auch genauso viel zurück? Solange man nichts Unmögliches von ihm verlangt, ja! Der Krebsmann ist der Typ, der sich immer vor seine Frau und seine Kinder stellen wird. Auch in wirtschaftlicher Hinsicht ist ein Krebs eine gute »Anlage«. Er hat einen Instinkt für Geld, er besitzt alle Voraussetzungen, dafür zu sorgen, dass man eines Tages in einem Häuschen oder wenigstens einer schönen Penthousewohnung leben kann.

Keine Nachteile? Doch! Er ist schrecklich eifersüchtig, und man wird ihm wohl niemals richtig beibringen können, dass es keinen Mangel an Männlichkeit bedeutet, wenn er nicht so tierisch ausflippt bei jedem Gespräch seiner Frau mit einem anderen Mann. Er ist hoffnungslos altmodisch, und es kostet ihn große Mühe, einzusehen, dass die Frau jederzeit auch ihren »Mann« stehen kann. Am schlimmsten aber ist seine Launenhaftigkeit: Heute strahlt er Sie an, schenkt Ihnen einen goldenen Ring – einfach so. Er lädt Sie ins Drei-Sterne-Restaurant ein, massiert Sie einen ganzen Abend lang hingebungsvoll ... Und dann, am nächsten Morgen, schaut er Sie nicht mal an, verlässt das Haus ohne jeden Gruß: Was, um Gottes willen, ist geschehen? Nichts. Oder nichts, was diesen Persönlichkeitswandel würde auch nur annähernd erklären können. Vielleicht hat er schlecht geträumt. Oder der Mond ist schuld ...

Wie klappt's mit den anderen Sternzeichen?

Sich zu kennen ist erst die eine Hälfte des Wegs zum Glück. Die andere Strecke muss auch noch zurückgelegt werden. Dabei geht es darum, seine Mitmenschen, besonders den Partner – das »Du« – zu erforschen. Erst wenn man beides kennt, sein »Ich« und sein »Du«, verfügt man über die Voraussetzungen für eine funktionierende Beziehung und ein befriedigendes Liebesleben.

Mit jedem Vertreter des Zodiaks erwartet einen etwas anderes. Man selbst bleibt zwar immer der oder die Gleiche. Aber weil das Gegenüber wechselt, verhält man sich anders, je nachdem, um welches Tierkreiszeichen es sich handelt.

In der Astrologie sind nun bestimmte Erkenntnisse und Regeln zusammengestellt, die dabei helfen können, mit den verschiedenen potenziellen Partnern besser umzugehen, gemeinsam mehr

Spaß zu haben, Konflikte zu vermeiden, erfüllter zu lieben und zu leben und länger zusammenzubleiben.

Zuvor ist jedoch noch etwas Grundsätzliches zu sagen: Viele Menschen haben den Eindruck, der Sternenkunde zufolge gäbe es Kombinationen, die gut funktionieren, und andere, die »floppen«. Das ist so falsch. Es gibt keine Verbindung, die unmöglich ist. Mit anderen Worten, als Krebsgeborener kann man mit allen, egal, ob Widder, Löwe oder Wassermann. Allerdings verlangt jede Partnerschaft einen bestimmten »Preis«. Bei manchen Kombinationen heißt der Preis Ruhe oder Entspannung, bei anderen braucht man vielleicht mehr Zeit. Auch ist es von Fall zu Fall möglich, dass man mit einem bestimmten Partner in eine Krise gerät und dann etwas unternehmen muss, um sie gemeinsam zu bewältigen. Es gibt keine Beziehung, die nur positiv ist. Es gibt allerdings solche, die bequemer sind als andere. Wer aber will entscheiden, ob Bequemlichkeit in jedem Fall ein erstrebenswertes Gut ist?

Die Astrologie kann dabei helfen, ein erfülltes Leben in der Partnerschaft zu finden. Doch der Mensch verliebt sich – dem Himmel sei Dank – mit dem Herzen. Das Herz ist allemal stärker als irgendwelche Prinzipien, die unter Umständen sogar noch dogmatisch ausgelegt werden. Deswegen sollte man im Zweifelsfall immer auf seine eigene innere Stimme hören, damit nicht aus einer guten Sache, die die Astrologie ja nun mal ist, für Einzelne ein Hindernis auf ihrem Weg zum Glück wird.

Gegensätze ziehen sich an: Krebs und Steinbock

Zwischen dem Krebs und dem Steinbock, seinem Gegenzeichen (man nennt es auch »Oppositionszeichen«), liegt im Tierkreis die größtmögliche Distanz. Das bedeutet symbolisch, dass zwischen beiden der größte Unterschied besteht. Kein Vertreter des Zodiaks unterscheidet sich stärker von einem Krebs als ein Steinbock. Von daher könnte man annehmen, Krebsgeborene hätten mit solchen Menschen wenig zu tun. Aber das ist ein Irrtum. Der Astrologie zufolge sind zwei sich gegenüberliegende Zeichen zwar so verschieden wie Plus und Minus, aber sie ziehen sich auch an wie der positive und der negative Pol eines elektromagnetischen Feldes. Es fließt also sofort »Strom«, wenn sich Krebs und Steinbock begegnen.

Es ist ungefähr so, als würde man auf einer Reise in ein weit entferntes Land Menschen treffen, die zwar völlig anders sind als man selbst, die einen aber faszinieren, interessieren und anziehen – als kennte man sie aus irgendeiner fernen Zeit her genau.
Der Kosmos »will« eben, dass man sich nicht in sein Ebenbild, sondern in seine Ergänzung verliebt. Letztlich sind ja auch Mann und Frau verschieden, und just aus dieser Verschiedenheit heraus erwächst die unwahrscheinliche Spannung, die Gefühle weckt, welche stärker sein können als alles andere auf der Welt.
»Du hast alles, was mir fehlt …!« Das ist die richtige Einstellung zu seinem Gegenzeichen – und: »Zusammen sind wir ganz, so wie zwei Kreishälften einen vollständigen Kreis bilden.« Krebse, die Steinböcken gegenüber eine grundsätzliche Ablehnung hegen, sollten sich dieses astrologische Gesetz der Liebe immer wieder vor Augen halten und in sich hineinspüren. Ganz sicher finden sie eine Resonanz, ein Gefühl von Neugierde und tiefem Interesse, das sie bisher vielleicht nur noch nicht wahrgenommen haben.

Was die Sterne über Krebs und Steinbock sagen

Kein anderes Zeichen legt so viel Wert auf Pflichterfüllung und Loyalität wie der Steinbock. Es fällt ihm oft schwer, seine Zuneigung zu zeigen. Er versucht, über seine Gefühle hinauszuwachsen, der Krebs hingegen lebt seine Gefühle, kultiviert sie, erklärt sie für »heilig«.
Mit einem Krebs, der ihm eventuell voller Emotion »auf die Pelle rückt«, wird es dem Steinbock schnell zu viel, und er schottet sich ab, zeigt seine frostige, unnahbare Seite. Von daher empfiehlt es sich auch für Krebse, einem Steinbock gegenüber immer wieder »auf cool zu machen«. Das lockt ihn, das gibt ihm Sicherheit. Und letztlich, daran besteht überhaupt kein Zweifel, ist ein Krebs mit seiner gefühlvollen, weichen, hingebungsvollen Seele das Höchste für ihn, verkörpert der geliebte andere doch das Reich, das ihm selbst so fremd ist, das ihm jetzt aber offensteht.
Aber in einer unreifen Verbindung fühlt sich einerseits der sensible Krebs vom realitätsorientierten Steinbock möglicherweise

unterdrückt, und andererseits kann der Steinbock Mühe haben mit dem aus seiner Sicht kindlichen Gehabe des Krebses. In einer entwickelten Beziehung hingegen wird der Steinbock durch den Krebs das Kind in sich selbst entdecken und lernen, dass nicht nur Erfolge zählen, sondern auch häusliche Geborgenheit. Umgekehrt verhilft der Steinbock dem Krebs zu Stabilität und innerer Festigkeit. Letzterer findet bei diesem Partner die Sicherheit, von der er weiß, dass er sie allein niemals erlangen würde.

Das kleine Liebesgeheimnis

Gegensätze ziehen sich an. Und was am weitesten voneinander entfernt liegt, kann sich auch am nächsten liegen. Liebe ist gerade die goldene Brücke zwischen Gegensätzen. Sie macht uns ganz, weil sie das bringt, was uns selbst fehlt. In der Astrologie heißt es (und dies ist die Botschaft aller esoterischen Lehren), dass jedes Singuläre und Vereinzelte das Bestreben hat, ganz zu werden. Dieser Wunsch kann umso größer sein, je mehr sich der eine Mensch vom jeweils anderen unterscheidet. Und entsprechend stärker ist die Liebe.

Das gilt in besonderer Weise für eine Beziehung zwischen Krebs und Steinbock. Aber das ist auch eine generelle Gesetzmäßigkeit. Denn jeder andere Mensch, gleich, welchen Tierkreiszeichens, wird in irgendeiner Hinsicht ganz anders sein als Sie. Wenn Ihre Herzdame oder Ihr Herzbube ein Steinbock ist, sollten Sie diese Verschiedenheit also nicht von vornherein als Störung und Hindernis betrachten, sondern als Chance, noch tiefer, noch umfassender zu lieben.

Knapp vorbei ist auch daneben:
Krebs und Schütze · Krebs und Wassermann

In diesem Abschnitt geht es um die Beziehung zu zwei Zeichen, die unmittelbar neben dem Gegenzeichen, dem Steinbock, liegen: um den Schützen und den Wassermann. Diese beiden befinden sich ebenfalls sehr weit vom Zeichen Krebs entfernt.

Man sollte also annehmen, auch zwischen Krebs und Schütze einerseits und Krebs und Wassermann andererseits existiere eine ähnliche »Anziehung und Abstoßung«. Aber wieder hat die Astrologie eine Überraschung parat: Diese Beziehungen sind schwierig und funktionieren nur unter Vorbehalt. Die Ursache liegt in der unterschiedlichen Grundstimmung. Krebs ist, was das Element betrifft, ein Wasserzeichen. Schütze ist ein Feuer- und Wassermann ein Luftzeichen. Zwischen Wasser einerseits und Feuer bzw. Luft andererseits bestehen schwerwiegende Differenzen des Erlebens und Verhaltens.

Man kann sich das wieder ungefähr so vorstellen, als begegnete man auf einer Reise in ein fernes Land Menschen, die völlig anders sind als man selbst. Aber dieses andere empfindet man zunächst nicht als reizvoll, anziehend und aufregend, sondern es erweckt erst einmal Vorbehalte und stößt auf Ablehnung. Mit einem Wort, man ist sich fremd und findet auf Anhieb keine Möglichkeit, dieses Befremdliche aus dem Weg zu räumen.

Sollte man dann Menschen mit diesen beiden Tierkreiszeichen meiden? Die Antwort lautet natürlich: »Nein!« Denn es gibt auch zahlreiche Gründe, die *für* eine Beziehung mit ihnen sprechen. So lernt man im Umgang mit derartig fremden Naturellen in der Regel sehr viel mehr als mit solchen, die einem vertraut sind.

Es kommt auch vor – und dies passiert gar nicht so selten –, dass es das eigene Schicksal zu sein scheint, gerade Menschen zu lieben, die aus einer völlig konträren Welt kommen. Zum Beispiel kann es sein, dass es in der Familiengeschichte schon einmal oder mehrmals ein derartiges Zusammenkommen mit Fremden gegeben hat (Eltern oder Großeltern etwa können ebenfalls eine solche Beziehung gehabt haben, so dass man seine eigene Existenz diesem Wagnis verdankt).

Doch wie auch immer, man muss wissen, dass man hier keine leichte und bequeme Lösung gewählt hat und nicht erwarten kann, dass sich diese Beziehung ohne Probleme gestalten wird.

Was die Sterne über Krebs und Schütze sagen

Der Schütze ist ein Idealist und Schwärmer. Er sucht Abenteuer – auch und sogar besonders in der Liebe. Sein Pfeil und sein Bogen symbolisieren unter anderem die Sehnsucht, Partner zu »jagen« – und sie, nachdem er sie einmal »erbeutet« hat, »links liegen zu lassen«.

Obwohl sich Krebs und Schütze gut verstehen – beide sind einfühlsam, umsichtig, tolerant und gehen gefühlvoll miteinander um –, ist der Schütze daher sicher nicht der geeignete Kandidat für eine Beziehung, nach der sich ein typischer Krebs so sehr sehnt. Der verwechselt Liebe nämlich niemals mit Jagd. Und Treue und Beständigkeit sind für einen Krebs beinah am wichtigsten in einer Beziehung. Für den waschechten Schützen hingegen ist eine ausschließliche Beziehung mit einer einzigen Person sehr schnell wie ein Gefängnis. Er wird ja von Fernweh geplagt, und wenn er bei einem Krebs immer zu Hause bleiben sollte, so verlöre das Leben für ihn an Sinn.

Der Krebs sollte ihm zeigen, dass man auch nach innen, in das Reich der Gefühle reisen kann und dort mindestens genauso großartige Dinge findet. Und was die Treue betrifft, so muss der Krebs den Schützen lehren, dass eine »Jagd« auch mit demselben Menschen immer wieder aufs Neue spannend sein kann, da es gilt, den anderen jedes Mal wieder zu erobern.

Was die Sterne über Krebs und Wassermann sagen

Krebse, die sich ihre weiche, gefühlvolle Seite bewahrt haben und nicht gleich »mondsüchtig« sind, setzen den Wassermann restlos in Verzückung. Endlich findet er, was er immer gesucht hat: ein Nest, Geborgenheit, Ruhe und Frieden. Und der Krebs himmelt natürlich einen richtigen Wassermann mit seinen tollen Bekannten und seinen Abenteuern »draußen in der Gesellschaft« an. Er ist für den Krebs wie ein Wesen von einem anderen Stern, das ihn mit der Außenwelt verbindet und in seiner häufig verschlossenen Innenwelt endlich Fenster und Türen öffnet.

Dennoch, in dieser Beziehung sind Krisen beinahe programmiert. Denn der Wassermann ist in der Welt der Ideen zu Hause und scheut sich vor tiefer Emotionalität und festen Bindungen. Wie sein Symbol, der »Wasserträger«, bewahrt er seine Gefühle (= Wasser) bildlich gesprochen in einem Gefäß und hat eine neutrale und distanziert-analytische Beziehung zu ihnen. Genau das kann einen Krebs wahnsinnig machen, der »aus dem Bauch heraus« handelt, ja, Gefühle *lebt*. Außerdem hat der Krebs keine Lust, als Start-und-Lande-Bahn für die Abenteuer des Wassermanns missbraucht zu werden. Dem Wassermann ist auf der anderen

Seite der Krebs höchst suspekt: ein Wesen, das mit dem Mond geht, das Kinder möchte, das sich von Gefühlen leiten lässt – wie unzeitgemäß …!

Es braucht also sehr viel Toleranz und noch mehr gegenseitige Liebe, damit beide die Art des jeweils anderen nicht als Lieblosigkeit oder gar als Bedrohung erleben, sondern als eine Eigenart, die ihre Schönheit hat. Dann kann der Krebs vom Wassermann lernen, sich nicht immer sofort mit jeder Gefühlsregung zu identifizieren. Umgekehrt lernt der Wassermann vom Krebs, dass man nicht alles und jedes mit dem Kopf regeln kann.

Das kleine Liebesgeheimnis

Wenn Sie als Krebs jemanden kennen oder lieben, dessen Tierkreiszeichen Schütze oder Wassermann ist, dann sollten Sie sich sagen, dass es bestimmt Gründe gibt, warum Sie gerade diesem Menschen begegnet sind. Lernen Sie von ihm, dass das Fremde kein Hinderungsgrund für eine tiefe Liebe sein muss. Gehen Sie davon aus, dass Sie zusammen einen zwar schwierigen, aber unglaublich interessanten Weg einschlagen können.

Versuchen Sie immer wieder, die Situation aus den Augen dieses anderen Menschen zu betrachten, sie mit seinen Ohren zu hören und mit seinen Gedanken zu erfassen. Lernen Sie dadurch eine Welt kennen und lieben, von der Sie sonst vielleicht kaum je etwas erfahren hätten.

Ein Vertrauter in der Fremde:
Krebs und Skorpion · Krebs und Fische

Zwischen dem Tierkreiszeichen Krebs und den beiden Abschnitten Skorpion einerseits und Fische andererseits besteht auf dem Zodiak eine relativ große Distanz. Man könnte daher vermuten, dass auch Skorpion- und Fischegeborene mit einem Krebs nicht so leicht warm werden und dass eine Liebesbeziehung, wenn überhaupt, nur unter großen Schwierigkeiten und mit zahlreichen Hindernissen möglich ist. Aber nach astrologischen Erkenntnissen verhält es sich genau umgekehrt. Krebs und Skorpion bzw. Fische verstehen sich in der Regel auf Anhieb und können ohne weiteres eine lebenslange, erfüllte Beziehung führen.

Es ist, als würden wir auf der bereits erwähnten vorgestellten Reise weit in der Ferne plötzlich jemanden treffen, der aus derselben

Stadt kommt und dieselben Menschen kennt wie wir. Man fühlt sich sofort verstanden, hat Gesprächsstoff und ist glücklich, in der Fremde jemandem zu begegnen, der die gleiche Sprache spricht. Das schafft von vornherein Vertrauen, Sicherheit und Nähe.
Der Astrologie zufolge kommen diese Tierkreiszeichen besonders gut miteinander aus und können langjährige Beziehungen eingehen. Ja, es ist eine der klassischen Beziehungen für eine Heirat und Familiengründung.

Was die Sterne über Krebs und Skorpion sagen
Sie haben das gleiche Element Wasser – und ergänzen sich daher blendend: Sie verstehen sich bestens, haben ähnliche Ansichten und Vorstellungen von der Liebe.
Es ist eine Beziehung, die mit einer gemeinsamen großen Reise auf einem Schiff verglichen werden kann. Einmal ist die See ruhig, ein andermal stürmisch. Und Krebs wie Wassermann freuen sich, wenn nach einer stürmischen Nacht ein neuer Tag anbricht. Beide sind treu. Aber der Skorpion neigt aus seinem Wunsch nach Beständigkeit heraus zu eifersüchtigem und kontrollierendem Verhalten. Der Krebs erlebt die Leidenschaft des Skorpions wie einen Sog, der ihm zugleich Angst macht und ihn wahnsinnig fasziniert. Der Skorpion wiederum findet im Krebs ein Wesen, das er als zart, schwach und so schutzbedürftig und daher liebenswert erlebt, dass er bereit ist, alles für diesen Menschen zu geben.
Der Wunsch dieser Partnerschaft ist es, eine neue Gemeinschaft zu gründen – mit einer eigenen Zukunft und einem eigenen Schicksal. Daher ist es beinah selbstverständlich, dass man irgendwann an ein gemeinsames Kind denkt bzw. dass es sich plötzlich ankündigt: Es gehört einfach zu diesen beiden anhänglichen Wesen.

Was die Sterne über Krebs und Fische sagen
Es gibt kaum etwas Schöneres als eine Liebe zwischen diesen beiden tiefen Seelenwesen. Typische Vertreter der Tierkreiszeichen Krebs und Fische können sich ineinander verlieren und auflösen

wie in einem tiefen warmen See. Man reizt sich gegenseitig zu immer neuen Variationen der Liebe. Man trifft sich in der Unendlichkeit der Phantasie und teilt die gleichen Träume.

Das Problem ist höchstens dann gegeben, wenn nicht wenigstens einer von ihnen in seinem Horoskop auch ein bisschen »erdig« ist (zum Beispiel den Aszendenten im Zeichen Stier oder den Mond im Zeichen Jungfrau hat). Denn nur dann kommt ein wenig der Boden der Realität in diese Beziehung hinein. Ansonsten kann es schlichtweg Probleme mit der konkreten Alltagsbewältigung geben. Oft tritt dann ein Kind in ihr Leben, das diesen großen, weiten Seelen »Erde« bringt.

Das kleine Liebesgeheimnis

Wenn Sie als Krebsgeborener jemanden kennen oder lieben, dessen Tierkreiszeichen Skorpion oder Fische ist, dann können Sie sehr glücklich sein. Sie haben einen Menschen an Ihrer Seite, der beides mitbringt: genügend Ähnlichkeit und Übereinstimmung einerseits und ausreichend Unterschiedliches und Fremdes andererseits. Ihre Beziehung wird nicht langweilig und einschläfernd.

Sollten Sie dennoch einmal über Eintönigkeit klagen, dann brauchen Sie nur gemeinsam Ihre Siebensachen zu packen und zu verreisen. Sobald Sie Ihre gewohnte Umgebung verlassen, Grenzen überschreiten, gemeinsam in einem Hotelbett liegen, kommen Liebe und Leidenschaft zurück – und es ist wie am allerersten Tag.

Das verflixte Quadrat:
Krebs und Widder · Krebs und Waage

Eine Frau betritt einen Raum, ein Café zum Beispiel, in dem sie noch nie war, was schon von vornherein leicht befremdliche Gefühle und Unsicherheit bei ihr ausgelöst hat. Sie freut sich, da sie einen leeren Tisch sieht, und setzt sich dorthin. Doch dann bemerkt sie aus den Augenwinkeln heraus, dass jemand sie von der Seite anschaut. Sie blickt schnell hoch, doch der (oder die) andere sieht weg. Sobald sie sich aber wieder mit der Speisekarte oder einer Zeitschrift beschäftigt, wiederholt sich das Spiel: Die Frau fühlt sich beobachtet. Dieser Mensch beginnt ihr auf die Nerven zu gehen, aber da ist auch eine gewisse Neugierde, wer denn diese andere Person sein mag. Kennen sie sich vielleicht von irgendwoher? Ob alles auf einer Verwechslung beruht? Oder ob der andere vielleicht schräge Absichten hegt?

Ungefähr so gestaltet sich die Kontaktaufnahme zwischen dem Zeichen Krebs und jenen, die im Zodiak in einer quadratischen Beziehung (einem Winkel von 90 Grad) zu ihrem Zeichen stehen, also Widder und Waage. Es besteht Interesse und Ablehnung zugleich. Man kennt sich, ohne zu wissen, woher. Man ist interessiert und irritiert. Man weiß nicht, ob man bleiben oder gehen soll.

Der Astrologie zufolge sind Beziehungen auf der Basis eines Quadrats sehr schwierig, stehen unter Spannung, erzeugen Konflikte, schaden der Liebe, stören sie, führen zu einer Trennung oder lassen überhaupt keine Bindung zu. Sollte man dann nicht um solche Tierkreiszeichen besser einen weiten Bogen machen?

Das kann man so nicht sagen. Das Herz entscheidet sich, wie wir wissen, manchmal gerade für einen derartigen Partner. Es existieren auch zahlreiche solcher Liebesbeziehungen. Manche halten sogar ein ganzes Leben lang. Aber sie sind nicht einfach. Mit einem Widder- oder Waagepartner werden Krebse das Gefühl nie ganz los, dass sie sich nicht entspannen, sich nicht völlig gehen lassen können. Ein bisschen sieht immer alles nach Arbeit und nach Problembewältigung aus. Hier soll eine schicksalhafte Aufgabe gelöst werden.

Das ist meist auch der tieferliegende Sinn einer derartigen Beziehung. Man muss etwas lernen, bewältigen, in Ordnung bringen. Es gibt Astrologen, die behaupten, solche Bindungen hätten bereits in einem früheren Leben existiert. Damals aber habe man Fehler gemacht, sich nicht respektiert oder was auch immer. Daher müsse man in diesem Leben wieder zusammenkommen, um etwas gutzumachen. Wer weiß …?

Sicher ist, dass Krebse mit einem Widder- oder Waagegeborenen etwas lernen. Sie können auch gar nicht anders, wenn ihre Beziehung Bestand haben soll. Eine derartige Partnerschaft ist sogar vorzüglich dafür geeignet, sich persönlich zu entwickeln, aber auch Karriere zu machen. Unbewusst »schiebt« einen der Widder-

oder Waagegeborene sozusagen regelrecht auf der Karriereleiter aufwärts. Es kann genauso gut umgekehrt sein, dass Krebse ihren Partner nach oben puschen. Die Karriere bzw. der Beruf ist dann etwas, woran sich die Spannung innerhalb einer »Quadratbeziehung« entladen kann.

Eine andere Möglichkeit ist die, dass Paare mit einer derartigen Tierkreiszeichen-Konstellation Kinder bekommen, die dann (auf positive Weise) ebenfalls als »Spannungslöser« wirken. Auch ein guter Freund oder enger Bekannter, sogar ein Haustier wie ein Hund oder eine Katze kann diese Rolle übernehmen.

Was die Sterne über Krebs und Widder sagen

Der Krebs geht das Leben im vorsichtigen Krebsgang, während der Widder mit vollem Tatendrang auf sein Ziel losstürmt. Des Weiteren will der Krebs die Dinge hegen und pflegen. Liebe hat für ihn stets auch mit Sicherheit zu tun. Er ist bekannt für den Kult um seinen Privatbereich: Zu Hause in seinen vier Wänden beginnt für ihn das wahre Leben: der Genuss und die Glückseligkeit. Draußen »in der Welt« hingegen lauern Feinde, Gefahren und zahlreiche Ungereimtheiten.

Der Widder erlebt das beinah genau umgekehrt: Draußen spielt die Musik! Dort findet er die Abenteuer für seine feurige Seele. Feuer (das Element des Widders) und Wasser (Krebs) können schlecht nebeneinander existieren. Tatsächlich herrscht in vielen Beziehungen zwischen Krebs und Widder permanenter Krieg: Wer unterdrückt wen mehr? Wer lebt auf Kosten des anderen?

Es kommen sehr typische weibliche und männliche Eigenschaften zum Ausdruck. Von daher klappt die Partnerschaft meist besser (und sie besteht auch länger), wenn es sich um eine sogenannte klassische Rollenaufteilung – Mann/Widder, Frau/Krebs – handelt. Früher oder später knistert und knallt es aber allemal, gleich, ob es eine »moderne« oder traditionelle Beziehung und wer Widder oder Krebs ist.

Diese Verbindung hat die besten Chancen, wenn das Gleichgewicht zwischen Ruhe und Aktivität gefunden werden kann. Dann gewinnen beide Tierkreiszeichen etwas hinzu: Der Widder lernt die Welt der Gefühle kennen, erlangt Tiefe und seelische Einsicht. Der Krebs wiederum erhält vom Widder die Inspiration, die ihn aus seiner Selbstverstrickung und ewigen Nabelschau erlösen kann, und wird feuriger und lebendiger.

Was die Sterne über Krebs und Waage sagen
Krebs und Waage symbolisieren große Gegensätze – Wasser und Luft, Gefühl und Ratio. Von daher gehen zwei typische Vertreter dieses Tierkreiszeichens ein gewisses Risiko ein, wenn sie sich füreinander entscheiden.
Der Krebs sucht sich in seinem Inneren. Er taucht in sich hinein bis auf den Grund seiner Seele und findet dort eine Antwort auf die Fragen des Lebens. Die Waage geht völlig anders vor, sie findet sich in anderen Menschen, im Spiegeln und Vergleichen, im Reden und Diskutieren. Das kann dazu führen, dass sich beide sehr schnell gegenseitig wegen ihrer angeblichen Unbeholfenheit verachten.
Es gibt allerdings auch große Gemeinsamkeiten. Dazu kommt, dass die Waage beim Krebs ein gemütliches Leben findet. Der Krebs wiederum bewundert bei der Waage den ausgeglichenen Charme.
Wie lange die Beziehung hält, hängt davon ab, wie gut es den beiden gelingt, die Gemeinsamkeiten über das Trennende zu stellen. Außerdem klappt diese Kombination bei kreativen Menschen besser. Was der Beziehung helfen kann, ist der Mut zu konstruktiven Auseinandersetzungen und gesundem Streiten. Ansonsten läuft man Gefahr, dass das Ganze zu einer lauwarmen Angelegenheit verkommt.

Das kleine Liebesgeheimnis

Wenn Sie als Krebs einen Menschen kennen oder lieben, dessen Tierkreiszeichen Widder oder Waage ist, haben Sie einen eher schwierigen Partner gewählt. Aber das muss in gar keiner Weise etwas Negatives sein. Wer will beurteilen, ob Beziehungen immer locker und leicht sein sollen? Lernen wir nicht alle aus dem, was schwierig, problematisch, unangenehm ist? Und das bedeutet ja auch keineswegs, dass Sie mit einem derartigen Partner nicht auch Ihr Glück finden.

Nur Folgendes sollten Sie wissen: Diese Beziehung braucht Kraft und Mut. Sie ist keine Angelegenheit, die so nebenbei läuft. Sie müssen sich immer wieder auseinandersetzen, zueinanderfinden, Ihre Unterschiede betonen und dennoch kompromissbereit sein.

Und Sie dürfen eines niemals vergessen: Sie sind diese Beziehung freiwillig eingegangen, Sie können sie notfalls auch wieder beenden. Es ist Ihre immer wieder neue Entscheidung (und natürlich auch die Ihres Partners), ob Sie zusammenbleiben wollen. Sie müssen sich nicht bis zur Selbsterschöpfung aufreiben.

Gute Freunde und mehr:
Krebs und Stier · Krebs und Jungfrau

Die beiden Tierkreiszeichen Jungfrau und Stier sind dem Abschnitt Krebs sehr nahe, lediglich ein einziger Abschnitt des Zodiaks liegt jeweils dazwischen. Von daher darf man erwarten, dass es sich bei einem Stier- oder Jungfraupartner um jemanden handelt, der ähnlich ist, die gleichen Anschauungen hat und so denkt und fühlt wie man selbst. Es ist ungefähr so, als würde man jemanden kennenlernen, der in unmittelbarer Nachbarschaft wohnt, in dieselbe Schule geht oder im selben Betrieb arbeitet. Trotzdem unterscheiden sich diese Menschen von Krebsgeborenen in einem wesentlichen Punkt: Der Krebs ist vom Element her Wasser; Stier bzw. Jungfrau jedoch sind Erdzeichen. Die Elemente Erde und Wasser ergänzen sich gut. Insofern teilen Krebse mit solchen Menschen viel Ähnliches und Verwandtes, aber es gibt auch mehr als genügend Unterschiedliches, so dass es sehr reizvoll ist, einander näher kennenzulernen. Und der Astrologie zufolge gehören diese Beziehungen zu den bestmöglichen!

Was die Sterne über Krebs und Stier sagen

Stier und Krebs wollen die notwendigen wie die schönen Dinge des Lebens hegen und pflegen; und Liebe hat für beide immer auch mit gefühlsmäßiger Sicherheit zu tun. Sie sind darüber hinaus geradezu berühmt dafür, dass sie ihre sinnlichen Abenteuer stets zu Hause finden. Sensibilität, Häuslichkeit, Fürsorge und Gastfreundschaft sind beider prägnanteste Eigenschaften.

Bekanntermaßen ist dem Stier das Element Erde zugeordnet, und der Krebs zählt zu den Wasserzeichen. Wie Wasser die Erde befruchtet und umgekehrt die Erde (etwa das Flussbett) dem Wasser »Halt« bietet, ergänzen sich die Partner in dieser Kombination. Über der Gemeinschaft steht also das Motto »Wachstum und Fruchtbarkeit«, was sich auf Kinder, den Hausstand, aber auch auf berufliche Projekte beziehen kann. Die nahezu gleiche Lebensanschauung führt zu großem gegenseitigem Verständnis und intimer Nähe, und das Bedürfnis nach Sinnlichkeit und Erotik ist ähnlich stark ausgeprägt.

Summa summarum geben Stier und Krebs eine (fast) perfekte Mischung ab, ein Paar, das ohne weiteres die goldene Hochzeit erleben kann. Der einzige mögliche Wermutstropfen heißt jedoch Langeweile: So viel Gemütlichkeit und Einmütigkeit kann nämlich im negativen Fall dazu führen, dass es in dieser Partnerschaft auf Dauer an Dynamik fehlt.

Was die Sterne über Krebs und Jungfrau sagen

Die beiden verstehen sich in der Regel auf Anhieb. Wenn sich die Jungfrau der Liebe öffnet, sind ihre Gefühle tief und innig. Doch meistens versteckt sie ihre Emotionen unter dem Deckmantel der Nützlichkeit. Der Krebs ist am allerehesten dafür geeignet, der »coolen« Jungfrau tiefere Gefühle zu entlocken. Denn das Was-

serzeichen Krebs ist sich seiner selbst gewiss, ruht in sich und bietet der Jungfrau somit das, was sie so sehnsüchtig sucht: ein Zuhause, Sicherheit, Schutz. Auf der anderen Seite neigt der Krebs dazu, sich in seinem Inneren zu verlieren, keinen Grund mehr zu finden beim »Seelentauchen«. Genau dann kann das Erdzeichen Jungfrau das rettende Land sein, das Ufer, das Feste und Zuverlässige.
Eine Verbindung zwischen typischen Vertretern dieser beiden Zeichen verläuft fast immer harmonisch. Gemeinsamer Nenner ist eine Grundhaltung der Fürsorge und Hilfsbereitschaft. Erde und Wasser ergeben, bildlich gesprochen, auch einen fruchtbaren Schlamm, aus dem vieles wachsen kann: eine Familie, eine große Zukunft, das gemeinsame Älterwerden.
Schwierigkeiten können auftreten, wenn sich der Krebs am Perfektionsanspruch der Jungfrau stößt. Er kann außerdem schwer begreifen, dass die Jungfrau eine ganz andere ist, sobald sie sich aus seinem Einflussbereich entfernt; sie passt sich dann den dortigen Verhältnissen an, was unter Umständen auch bedeuten kann, dass sie untreu wird. Umgekehrt lässt sich die Jungfrau durch die Stimmungsschwankungen des Krebses verunsichern. Auch seine Enge und Intimität können bei ihr klaustrophobische Ängste auslösen. Darüber muss gesprochen werden, damit eine von beiden Seiten getragene Lebensweise aus diesen zwei verschiedenen Seinsarten entstehen kann.

Das kleine Liebesgeheimnis

Wenn Sie als Krebs einen Stier- oder Jungfraugeborenen kennen, haben Sie einen für Sie idealen Partner gefunden. Sie werden sich prima verstehen, und Sie haben einen Menschen an Ihrer Seite, auf den Sie sich verlassen können. Ihr Partner ist vom Element her Erde, während Sie selbst ein Wasserzeichen sind. Wasser und Erde, so heißt es in der Astrologie, ergänzen sich bestens. Im Alltag werden Sie dies als Fröhlichkeit und Glück erleben.

Gelegentlich aufkommende Langeweile oder Disharmonien können Sie immer aus der Welt schaffen, indem Sie gemeinsam etwas unternehmen. Aber Sie sind »Freunde«, vergessen Sie das nie! Freunde versuchen sich nicht zu gängeln und auch nicht zu betrügen. Solange Sie diese »Spielregel« beachten, leben Sie in einer glücklichen Partnerschaft, die durch Kinder noch stabiler und erfüllter werden wird.

(Nicht immer) gute Nachbarn:
Krebs und Zwillinge · Krebs und Löwe

Die beiden Tierkreiszeichen Zwillinge und Löwe liegen auf dem Zodiak unmittelbar neben dem Krebsabschnitt. Von daher erwartet man vielleicht, dass man sich – wie es bei »richtigen« Nachbarn auch sein sollte – wunderbar versteht.

Einerseits trifft das sicher zu: Die Kombination von nebeneinanderliegenden Tierkreiszeichen ist tatsächlich häufig, und diese Beziehungen sind oft sehr befriedigend. Beide Partner haben das Gefühl, dass sie zueinander gehören, und fühlen sich, wenn sie sich kennenlernen, sehr schnell vertraut – so als wären sie uralte Bekannte, vielleicht sogar noch mehr, Geschwister zum Beispiel.

Aber das ist nur die eine Seite der Medaille. Wie es bei besagten »richtigen« Nachbarn oder Geschwistern bekanntermaßen auch vorkommt, entsteht schnell das Gefühl von Konkurrenz, Neid und Eifersucht. Es ist, als müsste sich jeder dem anderen gegenüber behaupten und besser, unabhängiger, liebevoller oder was auch immer sein. Insbesondere die Unterschiede werden dabei zu stark hervorgehoben. Solche Unterschiede bestehen ja in der Tat, aber sie sind etwas ganz Normales. Denn bei einem Krebs handelt es sich um ein Wasserzeichen, während die Nachbarn den Elementen Luft (Zwillinge) bzw. Feuer (Löwe) zugeordnet sind. Man ringt also um Abgrenzung und Individualität: Bei Geschwistern entwickelt man sich ab einem bestimmten Alter auseinander, aber keineswegs, weil man sich nicht mehr liebt, sondern weil man eigene Wege gehen muss und zu viel Nähe und Vertrautheit einen daran hindern würden. Ähnliches kann in einer Partnerschaft geschehen. Zwei Vertreter von Tierkreiszeichen, die nebeneinanderliegen, können zuweilen sogar recht niederträchtig miteinander umspringen. Hier gilt es, beizeiten zu lernen, sein Bedürfnis nach Abgrenzung auf positive Weise auszuleben. Denn nur dann, wenn man seine Individualität pflegt, ohne den anderen zu diskriminieren, gibt es eine glückliche Zweisamkeit, die Bestand hat.

Was die Sterne über Krebs und Zwillinge sagen

Krebse sind gefühlvoll und haben damit genau das, was typischen Zwillingen zunächst einmal abgeht. Letztere leben ja eher aus dem Kopf heraus, denken und analysieren. Krebse hingegen verlassen sich auf ihren »Bauch«, erspüren, verlassen sich auf ihr Gefühl. Diese ausgesprochenen Gegensätze können sich also gut ergänzen.

Doch gilt es auch in einer solchen Kombination, bestimmte Klippen zu umschiffen. Der waschechte Zwillingegeborene gleicht nämlich einem Schmetterling, einem bunten Vogel. Er braucht den lebhaften Gedankenaustausch mit Nachbarn und Freunden. Dort, wo seine spielerische Unverbindlichkeit zum Zuge kommen kann, fühlt er sich wohl. Der Krebs hingegen ist häuslich, und er vertritt die Ansicht, dass Gefühle ganz einfach »da sind« und es nicht nötig ist, darüber zu diskutieren.

Gefühl und Verstand prallen also aufeinander und können zu bizarren Missverständnissen führen: Der Zwillingepartner fühlt sich nicht geliebt, wenn er es nicht *hört*, er ist ja auf Worte angewiesen, während der Krebs Gefühle nicht besprechen will. Umgekehrt kann der Zwillingegeborene dem Krebs tausendmal sagen, wie sehr er ihn liebt: Sein Partner will keine Worte hören, er will die Liebe *fühlen*.

Wenn diese beiden Menschen zusammenbleiben, dann nur, wenn sie sehr flexibel und bereit sind, voneinander zu lernen: Der Krebs braucht die Einsicht, dass eine Liebe auch existieren kann, wenn man nicht ständig aneinanderklebt. Und der Zwillingepartner muss verstehen, dass man seinen Erlebnishunger auch stillen kann, wenn man nicht dauernd unterwegs ist.

Was die Sterne über Krebs und Löwe sagen

Die Sonne ist ein Sinnbild des Löwen, der Mond ist wiederum im Krebszeichen zu Hause. Und so, wie Sonne und Mond aus Sicht der Erde »zusammengehören«, so sind auch Vertreter der Tierkreiszeichen Löwe und Krebs ein besonderes Paar.

Das Gemeinsame sind starke Emotionen, die beim Krebs innerlich und beim Löwen theatralisch zum Ausdruck kommen. In einer Verbindung treffen »klassisch weibliche« (Mond/Krebs) auf »klassisch männliche« (Sonne/Löwe) Eigenschaften. Ist die tatsächliche Geschlechtsverteilung entsprechend, handelt es sich hier meist um ein Paar, das sich ideal ergänzt.

Probleme ergeben sich oft, wenn dies nicht der Fall ist; das heißt, wenn ein Krebsmann eine Verbindung mit einer »Löwin« eingeht. Ist er bereit, ihr die Führung zu überlassen? Schätzt die Löwefrau seine Fürsorge? Es kommt sehr wahrscheinlich zu Spannungen und Missverständnissen, bei deren Überwindung das Wissen um den astrologischen »Hintergrund« sehr hilfreich sein wird.

Das kleine Liebesgeheimnis

Mit einem Zwillinge- oder Löwepartner haben Sie als Krebs einen wunderbaren Menschen an Ihrer Seite: Seine Welt ist Ihnen vertraut, er ist wie ein guter Bruder oder eine liebevolle Schwester zu Ihnen, er wird auf Sie aufpassen und Ihnen das Gefühl von Geborgenheit schenken – und genauso verhalten Sie sich umgekehrt ihm gegenüber.

Sie müssen aber wissen, dass Sie sich unter Umständen zu nahe sind, weswegen sich Ihre Unterschiede nicht richtig entfalten können. Eine derartige Beziehung geht nur dann gut, wenn Sie sich Ihre natürliche Verschiedenheit zugestehen und trotz Ihrer großen Nähe immer wieder ganz andere Wege gehen. Kultivieren Sie Ihren Unterschied! Lassen Sie nicht zu, dass Sie sich noch ähnlicher werden! Unternehmen Sie immer wieder einmal etwas allein – das hilft Ihrer Liebe.

Wenn es zu Konflikten kommt, ist es wichtig, dass Sie Differenzen herausarbeiten und sie sich auch gegenseitig zugestehen.

Ich liebe ... »mich«: Krebs und Krebs

Eine Beziehung zwischen Menschen mit dem gleichen Tierkreiszeichen ist so eine Geschichte für sich. Zum einen hat man seinen »Zwillingsbruder« bzw. seine »Zwillingsschwester« gefunden, und man kennt den anderen wie sich selbst. Man ist sich vertraut, denkt, fühlt, handelt genauso, und das kann wunderschön sein. Manchmal versteht man sich sogar ganz ohne Worte. Beim Thema Sex zum Beispiel scheint der andere genau die Wünsche zu erraten, die man selbst immer träumt.

Auf der anderen Seite kann man sich auch *zu* ähnlich sein. Menschen haben nicht nur ein Bedürfnis nach Nähe, Ähnlichkeit und Verständnis, sondern auch nach Individualisierung, nach Abgrenzung, nach dem Anderssein. Und genau dieses Bedürfnis »stört« in Beziehungen mit dem gleichen Tierkreiszeichen normalerweise früher oder später die Liebe. Es kommt dann zu der paradoxen und absurden Situation, dass zwei Menschen, die sich im Grunde eigentlich so gleichen wie ein Ei dem anderen, plötzlich ihre Unterschiede betonen, als kämen sie von zwei verschiedenen Planeten, und sich am Ende überhaupt nicht mehr verstehen.

Wozu sollte man dann eine derartige Beziehung überhaupt eingehen? Nun, wie gesagt hat man ja erstens oft gar keine andere Wahl, weil das Herz (Gott sei Dank!) allemal stärker ist als irgendwelche Theorien. Und zweitens ist eine Beziehung mit einem Menschen desselben Tierkreiszeichens sehr wohl ein Gewinn. Infolge der ständigen Auseinandersetzung mit dem »Doppelgänger« kann man nämlich damit beginnen, seine eigenen Qualitäten stärker zu erleben. Das ist insbesondere für diejenigen wichtig, die ihre Stärken und Schwächen nicht richtig kennen. Genauso bedeutsam ist ein anderer Aspekt: Wer einen Partner mit demselben Tierkreiszeichen liebt, kommt vielleicht auf diesem Weg auch zu der Liebe zu sich selbst.

Was die Sterne über Krebs und Krebs sagen

Wenn zwei Krebse zueinanderfinden, so ist in 99,9 Prozent aller Fälle eines von vornherein klar: Es bleibt nicht bei diesen beiden! Da kommt bald Nachwuchs dazu. Denn erstens sind Krebse ausgesprochene Familienmenschen, und zweitens braucht ein derartiges »Wasserpaar« einfach eine Ergänzung in der Erde, der Luft oder im Feuer, also in einem ersten, zweiten oder dritten Mitglied der Familie.

Die häuslichen Interessen stehen bei beiden sicher im Vordergrund. Trotzdem können zwei Krebse auch phantastisch zusammenarbeiten. Aber damit der Funke der Liebe nicht nur beim Sichkennenlernen, also in der Phase des Verliebtseins, immer wieder überspringt, damit der Blitz der Leidenschaft stets neu einschlägt, muss normalerweise ein energetisches Gefälle vorhanden sein, das sich vielleicht durch Unterschiede bei anderen Daten des Horoskops bemerkbar macht, etwa beim Mondzeichen oder beim Aszendenten.

Das kleine Liebesgeheimnis

Eine Beziehung zweier Menschen mit dem gleichen Tierkreiszeichen wird in aller Regel nach einer anfänglichen Phase kolossaler Euphorie mit Schwierigkeiten konfrontiert. Es geht dann darum, das Gemeinsame und das Unterschiedliche auseinanderzuhalten und sich nicht in extremen Positionen zu verlieren. Für eine derartige Beziehung ist es besonders wichtig, Unterschiede wohlwollend zu akzeptieren und sich gegenseitig möglichst viele Freiräume zuzugestehen.

Ganz falsch wäre es allerdings, wenn die Partner versuchten, noch mehr Ähnlichkeiten herzustellen, zum Beispiel indem sie miteinander arbeiten oder jede freie Stunde gemeinsam verbringen.

Der Krebs und seine Gesundheit

Seit über zweitausend Jahren existiert eine systematische astrologische Gesundheitslehre, und bis weit über das Mittelalter hinaus bedienten sich die meisten Ärzte dieser Systematik, um Krankheiten zu diagnostizieren und zu heilen. Ein guter Arzt war früher immer auch ein Astrologe. Seine Diagnose und seine Behandlung richteten sich nach den Sternen. Nie wäre einem damaligen Medicus eingefallen, einen Eingriff am Körper vorzunehmen, ohne die Konstellation der Sterne zu konsultieren. Erst im Zusammenhang mit dem in der Einleitung erwähnten Niedergang der Astrologie ab dem 16. bzw. 17. Jahrhundert trennte sich die Medizin von der Astrologie. In jüngster Zeit allerdings beginnen immer mehr ganzheitlich denkende Ärzte, sie wieder mit einzubeziehen, wenn es um Vorbeugung, Diagnose und Behandlung geht – und die Erfolge geben ihnen recht. Dass man zum Beispiel Operationen oder Zahnextraktionen besser bei abnehmendem Mond vornimmt, ist heute eine weitverbreitete Erkenntnis, was nicht nur viele Patienten wissen, sondern auch immer mehr Ärzte berücksichtigen. Ebenso findet die allgemeine astrologische Gesundheitslehre, wonach jedem Sternzeichen bestimmte Krankheitsdispositionen zugeordnet werden, bei immer mehr Menschen Beachtung. Ich bin überzeugt von ihr. Wer sich nach ihr richtet, bleibt länger gesund, jung, dynamisch und unterstützt bei einer Krankheit ohne Zweifel den Genesungsprozess.

Die Schwachstellen von Krebsgeborenen

Die Astrologie sagt, die Problemzonen von Krebsen seien die Brüste, der Magen und sämtliche Organe, die unmittelbar mit dem Magen und der Verdauung zu tun haben, wie die Speiseröhre, die Gallenblase, der Zwölffingerdarm und die Bauchspeicheldrüse. Krebse erkrankten primär hier, bekämen Schmerzen, Entzündungen und anderes.

Das stimmt. Alle Erfahrungen sprechen dafür. Diese Organe oder Körperstellen sind ihre Schwachstellen, ihre Loci minoris resistentiae, wie es in der Fachsprache heißt. Aber eigentlich ist das so nicht richtig. Genau genommen handelt es sich dabei nicht um schwache, sondern sogar um die stärksten Seiten ihres Seins. Da sie jedoch das bevorzugte Medium der Lebensbewältigung eines Krebses sind, werden sie entsprechend strapaziert. Man muss sich ihrer daher besonders annehmen, sie pflegen und hegen.
Krebse sind natürlich nicht grundsätzlich gegen alle übrigen Krankheiten gefeit. Aber der Ursprung bzw. die Ursache einer jeden Erkrankung – und das ist der springende Punkt – wird sich immer auf eine Störung im Zusammenhang mit ihren astrologischen Problembereichen zurückführen lassen. Hier nimmt jedes ihrer Leiden seinen Anfang. Dazu bedarf es einer Erklärung, die tiefer in die Materie eintaucht.

Das Wunder Leben

Die Nahrung, die wir zu uns nehmen, landet zuerst in unserem Magen, wird dort zerkleinert und aufgeweicht. Mittels hochkomplizierter chemischer Vorgänge verwandelt sich der Nahrungsbrei allmählich in lebendige Energie. Man isst ein Steak mit Gemüse und Kartoffeln – und daraus wird im Innern lebendiges Leben, das jemand, der gerade schwanger ist oder ein Baby stillt, auch noch mit einem anderen Leben teilt. Es ist ein einziges Wunder, vielleicht das größte überhaupt: Aus Nudeln, Kartoffeln, Brot wird neues Leben, wird Bewegung, Bewusstsein, Geist, ein Gedicht, Liebe ... Magen und Brüste sind sozusagen Anfang und Ende dieses Wunders.

Was auf den Magen schlägt

Aber im Magen wird nicht nur physische Nahrung aufbereitet, dort werden auch Gefühle »verarbeitet«. Es gibt solche, die uns buchstäblich auf den »Magen schlagen«.
Gemäß einem Parallelismus in der astrologischen Medizin muss der Körper das austragen, was die Seele versäumt. Wer also in sei-

ner Gefühlswelt Probleme hat, bekommt irgendwann Probleme mit dem Magen. Eine Gastritis zum Beispiel ist immer auch die Folge einer Erlebnis- und Gefühlswelt, in der etwas nicht stimmt. Daher ist es auch sinnlos, solche Symptome nur auf der körperlichen Ebene, das heißt medikamentös zu behandeln. Nein, auch die zugrunde liegenden psychologischen Probleme müssen aufgearbeitet werden, um eine dauerhafte Gesundung zu erreichen.
Das ist bei jedem Menschen so! Warum wird es aber beim Krebs zum Problem? Weil er für diesen Vorgang sozusagen spezialisiert ist. Krebse sind diejenigen, die mehr als alle anderen Sternzeichen von Gefühlen leben und von ihnen abhängig sind: Kaum jemand kann so gut mit Kindern umgehen wie ein Krebs. Es braucht nur ein Kind in seine Nähe zu kommen – und schon schlägt das Herz schneller, und die Brust wird weit. Niemand ist so fürsorglich, mitfühlend, gütig und hilfsbereit wie der Krebs. Jeder fühlt sich doch wohl in seiner Nähe, aufgehoben, geborgen, umsorgt, zu Hause. Aber – und das ist bekanntermaßen die Kehrseite der Medaille – der Krebs braucht andere, damit er sein Naturell leben kann.
Niemand sonst macht sich selbst so viel Stress, setzt sich dermaßen unter Druck, es anderen recht zu machen. Krebse werden krank, weil sie sich vor Emotionen nicht schützen können. Sie schlucken zu viel – und sie geben zu viel. Ihre größte Angst aber ist es, verlassen zu werden. Das erlebt die Krebsseele als persönliches Versagen. Ein Krebs wird aus lauter Fürsorglichkeit heraus krank. Seine große Liebe wird ihm paradoxerweise zum Problem.
Krebse müssen lernen, einen Weg einzuschlagen, der sie nicht krank macht, der sie nicht zu Fall bringt und verletzt. Das Wichtigste dabei ist: Sie müssen es tun, bevor die ersten Folgeerscheinungen auftreten.

Wenn man sauer wird

Rein medizinisch betrachtet, führen bestimmte Nahrungsmittel wie Fette, Alkohol oder Konservierungsstoffe im Magen zu einer Erhöhung der Salzsäure. Auf der Erlebnisebene sind es psychologische Reize wie zum Beispiel Stress oder Verletzungen, die der Seele schaden können. Der gesunde Organismus wehrt sich dagegen mittels entsprechender Gefühle. Fühlt man sich gekränkt, dann ist man normalerweise ordentlich sauer und verschafft sich damit Erleichterung, indem man dies entsprechend äußert. Verbietet man sich jedoch dieses Gefühl, wird man auf der somatischen Ebene, sprich im Magen, sauer, was auf Dauer zu einer akuten oder sogar chronischen Magenschleimhautentzündung führen kann. Solange also ein Krebs die nötige Schärfe in sein bewusstes Erleben und Verhalten einzubringen vermag, stimmt's auch mit seinem Magen. Verbannt er aber die scharfe, aggressive Seite und schluckt er seinen Ärger hinunter, dann wird der Magen zum Schauplatz der notwendigen Auseinandersetzung.

Der Magenkranke ist ein Mensch, der keine Konflikte aufkommen lassen will und sie scheinbar auch nicht verträgt. Ihm ist (beinah) alles recht, wenn sich Auseinandersetzungen tunlichst vermeiden lassen. Krebse sollten in einem inneren Dialog deshalb folgenden Fragen nachgehen: Nehme ich zu viele und zu schwere Gefühle auf? Fehlen in meinem Leben Gefühle? Lasse ich mich von Gefühlen ansprechen? Lasse ich mir die nötige Zeit, um meine Gefühle zu verarbeiten? Gehe ich Auseinandersetzungen aus dem Weg?

Vorbeugung und Heilen

Am Anfang jeder vorbeugenden Maßnahme und Heilung steht bewusstes Erkennen. Einsicht veranlasst uns mit der Zeit dazu, eine bestimmte (falsche, ungesunde) Art zu leben in eine bessere, gesündere zu ändern. Einsicht bedeutet aber auch noch mehr. Zwischen Erkenntnis und dem Körper besteht eine Verständi-

gung. Wissen und Einsicht erhalten bzw. bewirken Gesundheit. Allein daran zu denken, dass eine besondere Veranlagung zu bestimmten Erkrankungen besteht, verändert nicht nur das Verhalten, sondern auch die entsprechenden Körperfunktionen.
Einsicht schließt auch ein Verstehen körperlicher und psychosomatischer Zusammenhänge mit ein. Wenn man verstanden hat, wie der Organismus funktioniert, und nachvollziehen kann, wie es zu körperlichen und seelischen Krankheiten kommt, wird jeder verantwortungsbewusste Mensch wacher und gesünder leben.

Konflikte sind gesund

Krebsgeborene müssen lernen, ihre Eigenart zu leben. Sie sind extrem gefühlvolle Menschen, für die bestimmte und zeitweilige Sorgen und Befürchtungen völlig normal sind. Ängste werden erst dann bedrohlich, wenn man sich ihnen nicht stellt. In einem natürlichen Lebensfluss kommt und geht die Furcht. Erst wenn man sie abwehrt, wird sie groß und hartnäckig.
Bei psychologischen wie körperlichen Symptomen sollte man grundsätzlich zuerst an seine zwischenmenschliche Situation denken: In aller Regel gibt der Krebs zu viel, bekommt zu wenig zurück und fordert zu wenig. Selbst die klassische Medizin räumt dem psychosozialen Umfeld bei der Entstehung von Magenproblemen längst eine wesentliche Rolle ein. Bei einer anhaltenden und sich wiederholenden Symptomatik ist eine psychologische Beratung angebracht.
Krebse müssen lernen, dass ein bestimmtes Maß an Konflikten gesund ist. Dazu ist es nötig, dass man auch seine negativen Gefühle akzeptiert und versucht, sie auszudrücken. Ein gutes Lernfeld dafür ist der Sport, zum Beispiel Tennis, weil man dabei einen »Gegner« besiegen und richtig auf den Ball »eindreschen« kann. Ich kenne auch einen Krebs, der in seinem Büro ein ins Auge springendes Schild aufgehängt hat. Darauf steht in Großbuchstaben: »STREITEN IST GESUND!«

Die Apotheke der Natur

Nach dem Analogieprinzip haben Heilkräuter, die Ende Juni und während der ersten drei Juliwochen gesammelt werden, eine besonders günstige Wirkung auf die Verdauung und auf Erkrankungen der Verdauungsorgane. Zumeist enthalten diese Kräuter Bitterstoffe, die die Säurebildung im Magen anregen.

Der Kräuterkundige sammelt daher in diesem Monat Leberbalsamblüte (gut für Galle und Leber), Odermennigkraut (hilft bei Durchfall), Eibischblätter (schützt vor Magenerkrankungen), Holzwurzkraut (regt die Verdauung an), Betonienkraut (gegen Blähungen), Rittersporntkraut (gegen Sodbrennen), Ringelblumenblüte (gegen Darmgeschwüre), Geißblattblätter und -blüte (regt die Milchdrüsen an), Wiesenkümmelsamen (verdauungsfördernd), Tausendgüldenkraut (hervorragender Magentee), Wegwartenblüte (gegen Magenverschleimung) und Fenchelblätter (verdauungsfördernder Magentee).

Die richtige Diät für Krebse

Bei Magenproblemen helfen Bettruhe, feuchtwarme Wärmeanwendungen auf dem Magen, diätetische Maßnahmen und einige Tage Fasten. Außerdem ist ein ungesüßter Tee (Kamillen- oder ein anderer milder Magentee) zu trinken. So gepriesene »Wunderheilmittel« wie beispielsweise Cola mit Salzstangen können in Einzelfällen helfen, sind aber bestimmt kein Allheilmittel und können die Symptomatik sogar noch verschlechtern.

Bei einem übersäuerten Magen sind Reizstoffe wie Alkohol, Kaffee, schwarzer und Pfefferminztee zu meiden. Am besten hilft bei einer akuten Übersäuerung (zum Beispiel nach zu viel Alkohol) Natron. Auch gebratene Speisen, also erhitzte Fette, gehören nicht zum idealen Speiseplan des für Magenerkrankungen anfälligen Krebses. Des Weiteren sollte er keine scharfen, stark gewürzten und genauso sehr süße Speisen und Getränke zu sich nehmen.

Folgendes Obst ist gut: Ananas, Äpfel, Aprikosen, Bananen, Datteln, Feigen, Grapefruits, Pfirsiche, Trauben, Wassermelonen, Zitronen. An Gemüse ist zu empfehlen: Gurken, Karotten, Kartoffeln, Kraut, Sellerie, Spinat. Von den Körnern sind am besten Buchweizen und Hirse. Bei untersäuertem Magen sind eher bittere Speisen geeignet (Chicorée-, Kresse-, Löwenzahn-, Radicchio- und Rucolasalat sowie Artischocken). Hervorragend sind auch eingelegter Ingwer und alle milchsauer eingelegten Gemüsearten.

Sämtliche Diätmaßnahmen sind nicht nur gesund, sondern reduzieren auch nachhaltig die Pfunde, die sich bei lustbetonten Krebsen so gern ansammeln.

Beruf und Karriere

Auf den Energiefluss kommt es an

Krebse brauchen eine Tätigkeit, in der ein Energiefluss herrscht, das heißt, dass von den Menschen, mit denen man es zu tun hat – Chefs, Kollegen, Kunden, Schüler usw. –, Energien fließen, die nähren. Je weniger sie davon bekommen, umso leerer fühlen sie sich, und umso weniger können sie abgeben. Krebse, die über ihren jetzigen oder auch zukünftigen Beruf nachdenken, sollten dies ganz besonders im Auge behalten: Symbolisch gesprochen sind sie – es wurde weiter vorn bereits gesagt – wie der Mond, der nicht aus sich selbst heraus leuchten kann, sondern eine andere Quelle benötigt, um zu strahlen.
Dabei ist Geld natürlich sehr wichtig, aber dennoch allein nicht ausreichend. Ich kenne Krebsgeborene, die im Geld regelrecht schwimmen. Ich denke zum Beispiel an den Chef einer Werbeagentur, der seinerzeit Millionen unter anderem mit einer Kampagne für eine Zigarettenmarke verdient hat. Er arbeitete mehr als zehn Stunden am Tag, hatte zig Mitarbeiter, täglich Meetings und ständig Kontakt mit seinen Kunden. Schließlich gelangte er zu dem Punkt, an dem ihm alles zu viel wurde, und er verkaufte die Firma. Er war dann Privatier und konnte sich alles leisten, was er sich immer erträumt hatte. Aber er war unglücklich, schwierig und launisch. Was ihm fehlte, waren der Energiestrom, den er früher aus seiner Arbeit bezog, die Aufträge seiner Kunden, die Rivalitätsgefühle angesichts der Konkurrenz, die Achtung seiner Mitarbeiter ihm gegenüber …
Stimmen die Bedingungen, ist es beinah nebensächlich, was ein Krebs arbeitet. Denn er wird in jede Tätigkeit sein spezifisches Können einfließen lassen, nämlich sich um andere und um das Betriebsklima zu sorgen: Krebse werden Sekretärinnen, die Briefe schreiben und Telefonate weiterleiten – aber ihre wichtigste Aufgabe ist, den Chef wieder aufzubauen, wenn er einmal durchhängt.

Sie werden Verkäufer, die den ganzen Tag Menschen bedienen; was sie aber eigentlich »verkaufen«, ist, ihren Kunden ein gutes Gefühl zu schenken. Krebse können am Fließband stehen und immer wieder eine bestimmte Folge von Handgriffen tun. Wenn sie gefragt werden, was ihnen an dieser Arbeit gefällt, sagen sie bestimmt: »Die Atmosphäre ...« oder: »Die Kollegen ...!« Und umgekehrt werden alle Mitarbeiter über den Krebs sagen, er habe ein gutes Herz und es tue einem wohl, mit ihm zu arbeiten. Eine Art seelisches Zentrum ist der Krebs, die Seele des Ganzen. Dennoch gibt es auch für ihn Tätigkeiten, die ihm mehr liegen als andere.

Andere betütern

An erster Stelle sind natürlich Tätigkeiten zu nennen, bei denen Krebse das beruflich tun können, was sie ohnehin immer machen: andere umsorgen, ihnen das Leben angenehmer gestalten, also sie betütern, wie es im Norddeutschen so schön heißt.

Krebse sind die besten Köche, da muss man nicht erst bei den Starköchen Winkler, Witzigmann oder dem Fernseh»koch« Biolek (allesamt Krebsgeborene) speisen, um das zu überprüfen. Man lasse sich von einem Krebs zum Essen einladen und wird selbst feststellen, was für ein großartiger Gastgeber und exzellenter Koch er ist.

Des Weiteren sind Krebse phantastische Kosmetiker(innen). Gerade bei der Beratung und Behandlung in Sachen Schönheit braucht es viel Fingerspitzengefühl und Einfühlungskraft – und damit sind Krebse eben richtiggehend gesegnet.

Da Krebse Kinder gar so gern haben, sind sie natürlich auch begeisterte und gute Hebammen, Kindergärtner und Lehrer. Darüber hinaus liegt ihnen der Beruf des Sozialpädagogen und Sozialarbeiters (nach dem Buch *Die Akte Astrologie* von Gunter Sachs hat eine Recherche ergeben, dass Krebse signifikant häufig den Beruf des Sozialarbeiters ausüben). Und natürlich findet man

auch unter sämtlichen Heil- und Pflegeberufen (Pflegepersonal, Ärzte) viele Krebse.
Ihre alles geliebte Sicherheit hoffen Krebse natürlich auch als öffentliche Angestellte bzw. als Verwaltungsbeamte zu finden. Einerseits ist das richtig, denn mit ihrer geruhsamen, genauen, zuvorkommenden Art geben sie bestimmt den Idealtypus eines Beamten, Amtmanns oder Oberamtmanns ab. Aber wie gesagt, man achte auf die Umgebung und den Energiefluss: Die ganze Sicherheit der Welt hilft nichts, wenn man emotional verkümmert.

Machen Krebse auch Geld? Oder können sie nur in Helferberufen tätig sein, in denen man bekanntlich nicht gerade reich wird? Nun, was immer Krebse in die Hand nehmen, wächst, also auch Geld. Es scheint sogar, dass sie zu Geld ein besonders gutes Verhältnis haben. Krebse sind diesbezüglich durchaus mit Stiergeborenen vergleichbar, denen man nachsagt, dass sie auf Geld einen regelrechten Magnetismus ausüben. Krebse können ebenfalls steinreich werden; dafür stehen so »geldschwere« Namen wie die der Krebsgeborenen Friedrich Flick, John Rockefeller, Nelson Rockefeller und Soraya. Es ist für mich auch keine Frage, dass Krebs und Stier die Überzahl der hochdotierten Jobs bei Konzernen, Banken und Versicherungsanstalten unter sich aufteilen. Sie sind nicht unbedingt diejenigen, die ein Unternehmen führen – das überlassen sie gern Widdern, Steinböcken und Löwen –, aber sie verwalten das Geld.
Weil Krebse so sehr an Sicherheit orientiert sind, findet man sie natürlich auch überall dort, wo es um Schutz geht, in Versicherungen und sämtlichen Clubs und Vereinigungen, die Gefahrlosigkeit für Personen, Tiere und Sachen, Gegenwärtiges, Zukünftiges und alle Eventualitäten verkaufen wollen.
Auch da, wo die Vergangenheit erforscht und bewahrt wird – als Archäologe, Archivar, Museumspersonal, in der Pflege von Heimat und Tradition –, finden sich viele Krebse.
Sie sind ausgezeichnete Heimarbeiter, die ihr Büro oder ihre Pra-

xis direkt neben dem Schlafzimmer oder der Küche haben und trotzdem ihr Pensum nach einem festen Plan schaffen. Ich bin der Überzeugung, dass Krebse, die zu Hause arbeiten, sogar so etwas wie einen »Heimvorteil« haben und besser und erfolgreicher sind, als wenn sie täglich zu ihrer Arbeitsstelle pendeln müssen. Von daher bringt das Zeitalter der globalen Vernetzung für Krebse eine große Chance: Sie können in ihrem geliebten Zuhause arbeiten und sind dennoch via Internet und E-Mail usw. mit der ganzen Welt verbunden.

Unbedingt zu erwähnen sind ihre kreativen Neigungen und Talente. Ich kenne viele Krebse, die aus ihrer schöpferischen Kraft leben: Goldschmiede, Modedesigner, Fotografen, Layouter, Schneider, Blumenbinder usw. Ihr Mond verbindet Krebse mit einer Quelle unerschöpflicher Kreativität. Wenn sie entsprechenden Tätigkeiten nachgehen, sprudeln Einfälle nur so aus ihnen heraus: geniale, witzige, schöngeistige, banale, herzergreifende und tröstende ...

Bei so viel Lust an Gefühlhaftem, Kindlichem, Künstlerischem und Seelischem könnte der Eindruck entstehen, Krebsmenschen seien für den täglichen Lebenskampf zu sensibel, zu weich und anhänglich. Aber als ein kardinales Zeichen können sie auch ganz anders, besitzen großen Ehrgeiz, einen geradezu fanatischen Willen, Kampfgeist, Angriffslust, Strebsamkeit und Leistungsfreude.

Das Arbeitsumfeld und die Berufe

Wo arbeiten Krebse am liebsten?

Krebse arbeiten gern in Berufen, in denen es um Angelegenheiten von Heim, Haus und Wohnung geht, wo Geborgenheit und Sichwohlfühlen wichtig sind und wo Gefühlhaftes, Innerseelisches eine Rolle spielen. Des Weiteren interessieren sie sehr Bereiche der Gastronomie. Gern arbeiten sie auch dort, wo Kreativität gefragt ist. Wo Geburt, Erziehung, Pflege und Versorgung von Kindern eine Rolle spielen, findet man ebenfalls häufig Krebse.

Das Reich der Märchen und Mythen zieht sie magnetisch an. Last, not least finden sich Krebse häufig in Berufen, die etwas mit Wasser, Meer und »Flüssigkeiten« zu tun haben, wie zum Beispiel Seefahrer, aber auch Getränkelieferanten.

Berufe der Krebse

A/B (Angestellter/Beamter) Arbeitsverwaltung, A/B Behörden Bund/Länder, A/B Bundesbank, A/B Bundesgrenzschutz, A/B Bundeswehrverwaltung, A/B Deutsche Bundespost, A/B Deutsches Patentamt, A/B Finanzverwaltung, A/B Gewerbeaufsicht, A/B Kommunalverwaltungen, A/B Kriminalpolizei, A/B Polizei, A/B Sozialversicherungsanstalten, A/B Zoll, Agraringenieur, Altenpfleger, Antiquitätenhändler, Anwendungsprogrammierer, Apotheker, Archäologe, Archivar, Astrologe, Atem- und Stimmlehrer, Bankkaufmann, Berufe in Umweltorganisationen, Berufsschullehrer, Bibliothekar, Bilanzbuchhalter, Biologe, Biologielaborant, biologisch-technischer Assistent, Biophysiker, Biotechniker, Blumenbinder, Botaniker, Buchhalter, Buchhändler, Bürogehilfe, Bürokaufmann, Chemielaborant, Chemiker, chemisch-technischer Assistent, Chemotechniker, Datenbankspezialist, Dekorateur, Dipl.-Ing. Fachrichtung Chemie, Dipl.-Ing. Hoch- und Tiefbau, Dipl.-Ing. im Metallbereich, Dipl.-Ing. in der Entwicklung, Dipl.-Ing. in der Konstruktion, Dipl.-Ing. in Fertigungstechnik, Diplom-Psychologe, -Sozialarbeiter, -Betriebswirt, -Forstwirt, -Handelslehrer, -Ingenieur, -Mathematiker, -Pädagoge, -Sozialarbeiter, -Volkswirt, Dorfhelfer, EDV-Organisator, Elektrotechniker, Energiemanager, Fachlehrer, Fachwirt für Tagungs-, Kongress- und Messewirtschaft, Fahrlehrer, Familienpfleger, Fußpfleger, Gartenbauarchitekt, Gärtner, Gebäudetechniker, Gentechniker, Geologe, Geophysiker, Germanist, Gewerbelehrer, Grund- und Hauptschullehrer, Haustechniker, Hebamme, Heilerziehungspflegehelfer, Heilerziehungspfleger, Heilpädagoge, Heilpraktiker, Heimerzieher, Heimleiter, Historiker, Hochschullehrer, Hotelkaufmann, Informatiker, Innenarchitekt, Jugendpfleger, Kindergärtnerin, Kinderkrankenschwester, -pflegerin, Kosmetiker, Krankengymnast, Krankenpflegehelfer, Krankenpfleger, Krankenschwester, Kunsterzieher, -historiker, Landespfleger, Landschaftsplaner, Landwirt, landwirtschaftlich-technischer Assistent, Lebensmittelchemiker, Lehrer an Gymnasien oder in der Erwachsenenbildung, Maskenbildner, Masseur, medizinisch-technischer Assistent (MTA), Medieninformatiker, medizinischer Bademeister, Mikrobiologe, Museumswärter, Notar, Ökologe, Ökomanager, Organisator, pädagogischer Assistent, Philologe, Philosoph, Politiker, Politologe, Privatdozent, Psychotherapeut, Realschullehrer, Recyclingfachmann, Rektor, Religionswissenschaftler, Restaurateur, Schriftsteller, Sekretär, Seminarleiter, Sonderschullehrer, Speditionskaufmann, staatlich geprüfter Betriebswirt, Staatsanwalt, Statistiker, Steuerberater, Steuerbevollmächtigter, technischer Zeichner, Theologe, Tierarzt, Tierpräparator, Umweltberater, Verlags-, Versicherungskaufmann, veterinärmedizinischer Assistent, Werklehrer, Wirtschaftsjurist, Wirtschaftsprüfer, Zahnarzthelfer.

Test: Wie »krebshaft« sind Sie eigentlich?

In diesem Test kann man erfahren, wie krebshaft man als Krebsgeborener ist. Man gehe dabei folgendermaßen vor: Möchte man eine Frage mit einem Ja beantworten, soll man jeweils die Zahl ankreuzen. Wenn man also gern Testfahrer wäre, kreuzt man die Zahl 1 an (ein Nein wird nicht notiert).

	+	−
Wären Sie gern Testfahrer?	1	
Sind Sie ein Mensch, der gern Geld zurücklegt?	2	
Haben Sie gern mit Kunst zu tun?	3	
Sind Sie gern unter Menschen?	4	
Würden Sie gern Politik machen?	5	
Sagen Sie gern anderen, was sie tun sollen?	6	
Würden Sie gern allein in einer Wetterstation arbeiten?	7	
Lesen Sie viel und gern?	8	
Möchten Sie gern schwerkranke Menschen betreuen?	9	
Ist es egal, was Sie arbeiten, Hauptsache, das Geld stimmt?	10	
Ordnen Sie sich leicht unter?	11	
Können Sie gut warten?	12	
Ist Ihnen Harmonie wichtig?	13	
Möchten Sie auf dem Land leben und arbeiten?	14	
Stehen Sie gern in der Öffentlichkeit?	15	
Möchten Sie Falschparkern einen Strafzettel geben?	16	

	+	−
Möchten Sie an einer Diät als Testperson mitmachen?	17	
Möchten Sie Gehälter abrechnen?	18	
Unterhalten Sie andere Leute gern?	19	
Arbeiten Sie gern im Team?	20	
Könnten Sie von der Hand in den Mund leben?	21	
Interessieren Sie sich für Mode?	22	
Mögen Sie das Risiko?	23	
Führen Sie gern technische Berechnungen durch?	24	
Wären Sie gern ein Entdeckungsreisender?	25	
Mögen Sie Veränderungen?	26	
Möchten Sie auf einer Bühne stehen?	27	
Können Sie gut allein leben?	28	
Können Sie leicht auf die Tageszeitung verzichten?	29	
Möchten Sie gern Kinder betreuen?	30	
Halten Sie Gefühle für wichtiger als den Verstand?	31	
Können Sie leicht aus sich herausgehen?	32	
Liegt Ihnen das Wohlergehen anderer am Herzen?	33	
Sind Sie gern Gastgeber?	34	
Betreuen Sie gern Kranke?	35	
Sind Sie gern Lehrer?	36	
Sind Sie ein beständiger Mensch?	37	
Gehen Sie gern und häufig aus?	38	
Möchten Sie Menschen beraten?	39	
Möchten Sie Schaufenster dekorieren?	40	

	+	–
Möchten Sie gefährliche Chemikalien transportieren?	41	
Würden Sie gern an einem Bankschalter stehen?	42	
Treiben Sie gern Sport?	43	
Würden Sie gern als Diskjockey arbeiten?	44	
Würden Sie gern Astronaut sein?	45	
Können Sie sich vorstellen, im Ausland zu arbeiten?	46	
Möchten Sie gern Reporter sein?	47	
Übernehmen Sie gern Verantwortung?	48	
Würden Sie gern Fotomodell sein?	49	
Können Sie leicht bei einer Sache bleiben?	50	
Summe	___	___

Auswertung

Schreiben Sie immer dann ein Plus (+) links neben die Zahl, wenn Sie die Nummern 2, 3, 9, 13, 14, 22, 29, 30, 31, 33, 34, 35 angekreuzt haben (maximal zwölfmal ein Plus).
Tragen Sie immer ein Minus (–) neben der Zahl ein, wenn Sie die Nummern 1, 7, 10, 15, 20, 21, 23, 26, 28, 32, 37, 46 angekreuzt haben (maximal zwölfmal ein Minus).
Ziehen Sie die Anzahl der Minus- von der Anzahl der Pluszeichen ab. Die Differenz ist Ihr Testergebnis.

Interpretation

Ihr Testergebnis beträgt 6 oder mehr Punkte: Sie sind eine hundertprozentige Krebspersönlichkeit. Alles, was in diesem Buch über die Natur Ihres Tierkreiszeichens geschrieben steht, trifft in besonderem Maße auf Sie zu. Sie sind gefühlvoll, fürsorglich, einfühlsam, intuitiv, aber auch schreckhaft und scheu. Sie sind – im positiven Sinne – fast wie ein Kind und erleben die Welt gefühlvoll und mit Ihrem Herzen.

Ihr Testergebnis liegt zwischen 2 und 5 Punkten: Bei Ihnen ist das Krebsnaturell gedämpft. Wahrscheinlich haben Sie einen Aszendenten, der die Qualität Ihrer Krebspersönlichkeit in einer anderen Richtung beeinflusst. Oder Ihr Mond hat diese Wirkung. Für Sie ist es daher interessant, die Stellung Ihres Mondes und Ihren Aszendenten im zweiten Teil dieses Buches kennenzulernen. Es kann aber auch sein, dass Sie durch frühere Erfahrungen dazu veranlasst wurden, Ihr Krebsnaturell abzulehnen. Dann ist es besonders wichtig, dass Sie sich damit wieder anfreunden und es mehr zulassen.

Ihr Testergebnis beträgt weniger als 2 Punkte: Sie sind eine untypische Krebspersönlichkeit. Wahrscheinlich haben Sie einen Aszendenten, der sich völlig anders als das Krebsprinzip deuten lässt, oder Ihr Mond steht in einem solchen Zeichen. Es wird sehr spannend für Sie sein, dies im zweiten Teil des Buches herauszufinden. Sie haben es aber im Laufe Ihres Lebens womöglich auch für nötig befunden, Ihre Krebsseite abzulehnen und zu verdrängen. Es ist daher Ihre Aufgabe, sich mit diesem Teil Ihrer Persönlichkeit wieder anzufreunden: Sie sind zum großen Teil ein »Geschöpf des Wassers« mit einem Naturell, geschaffen, um das seelische Prinzip zu leben.

Teil II
Die ganz persönlichen Eigenschaften

Der Aszendent und die Stellung von Mond, Venus & Co.

Vorbemerkung

In Teil I wurde erläutert, wie man zum »Sternzeichen« Krebs kommt, nämlich dadurch, dass die Sonne zum Zeitpunkt der Geburt in diesem Abschnitt des Tierkreises stand. Nun gibt es in unserem Sonnensystem bekanntlich noch andere Himmelskörper, von denen der Erdtrabant Mond und die Planeten für die Astrologie bedeutsam sind. Sie alle haben ebenfalls entsprechend ihrer Stellung bei einer Geburt eine spezifische Aussagekraft. Obendrein spielen auch noch der Aszendent, die astrologischen Häuser und weitere Faktoren eine Rolle. Alles zusammen ergibt ein Horoskop.

Dieses Wort hat seine Wurzeln im Griechischen und heißt so viel wie »Stundenschau«, weil ein Horoskop auf die Geburtsstunde (eigentlich Geburtsminute) genau erstellt wird. Es ist also eine – in Zeichen und Symbole übersetzte – Aufnahme der astrologischen Gestirnskonstellationen zum Zeitpunkt einer Geburt. Es spiegelt die vollständige Persönlichkeit eines Menschen wider.

Im Folgenden werden die neben der Sonne wichtigsten Größen eines Horoskops gedeutet: Aszendent, Mond, Merkur, Venus, Mars, Jupiter und Saturn. Sie können mit Hilfe des Geburtstags und der Geburtszeit ihre Position im Tierkreis ermitteln und dann die jeweilige Bedeutung kennenlernen. Die Interpretation dieser Horoskopfaktoren ist manchmal vom Sonnenzeichen des oder der Betreffenden abhängig, im Großen und Ganzen jedoch nicht. Entsprechend findet man in den verschiedenen Bänden dieser Buchreihe in der jeweiligen Beschreibung die gleichen oder ähnlichen Aussagen.

Auf der anderen Seite ist es wichtig, zu verstehen, dass die Interpretation einer einzelnen Größe wie zum Beispiel Aszendent,

Mond oder Sonne immer nur einen bestimmten Aspekt wiedergibt, der eventuell widersprüchlich zu dem sein kann, was über einen anderen Faktor gesagt ist. Die Kunst der Astrologie beruht aber gerade darauf, Verschiedenes, eventuell sogar sich Widersprechendes, miteinander zu verbinden bzw. gemäß der eigenen Intuition und Erfahrung zu gewichten.

Wie erfährt man nun, in welchem Tierkreiszeichen die weiteren Horoskopfaktoren stehen? Astrologen mussten früher tatsächlich den Himmel studieren, um herauszufinden, welche Position die wichtigen Gestirne einnahmen. Aber wie gesagt erstellten findige Köpfe schon bald Tabellen, sogenannte Ephemeriden, denen man den Lauf der Planeten entnehmen konnte. Seit der Erfindung und Verbreitung der Computertechnologie kann man nun auch auf diese Ephemeridenbücher verzichten. Man ersteht ein Astrologieprogramm, gibt Geburtstag, -zeit und -ort ein, und auf einen Klick erscheinen alle Angaben, die man braucht. Heute ist infolge der großen Verbreitung des Internets auch das eigene Astrologieprogramm überflüssig geworden. Im World Wide Web existieren Plattformen, auf denen sich ebenfalls ganz einfach die Planetenpositionen errechnen und darstellen lassen. Man kann zum Beispiel über die Homepage des Autors sämtliche Angaben über die exakte Position von Sonne, Mond, Aszendent und den weiteren Gestirnen in einem Horoskop kostenlos herunterladen. Die Adresse: www.bauer-astro.de.

Die Grafik auf Seite 92 zeigt das Horoskop eines bekannten Krebsgeborenen, nämlich des Schriftstellers Hermann Hesse. Er wurde am 2. Juli 1877 um 18.30 Uhr in Calw (Baden-Württemberg) geboren. Das Horoskop hält seinen Geburtsmoment grafisch fest. Die Sonne ☉ stand im Zeichen Krebs ♋ auf der rechten Seite des Horoskops. Aber die Sonne ist nur eine Größe seines Horoskops. Man erkennt links den Aszendenten *AC*, der im Schützezeichen ♐ liegt. Der Mond ☽, untere Hälfte, befand sich bei der Geburt Hermann Hesses im Zeichen Fische ♓. Außerdem sind noch viele weitere Gestirne und wichtige Punkte im Horoskop enthalten. Ein ausführliches Horoskop berücksichtigt die Position aller Gestirne und des Aszendenten und kommt erst dann zu einer umfassenden und gründlichen Persönlichkeitsdiagnose.

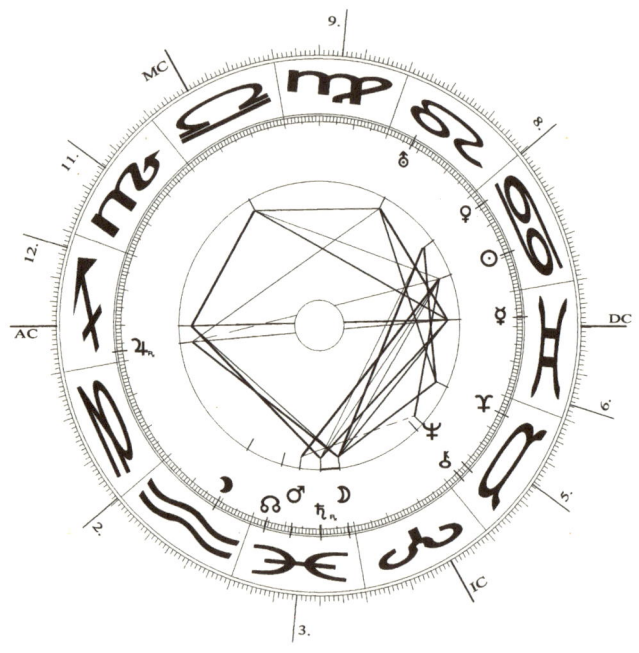

Der Aszendent – Die individuelle Note

Die Bedeutung des Aszendenten

Wir sprechen in diesem Buch vom Sonnenzeichen Krebs, dies ist aber wie gesagt nur *ein* Aspekt einer Persönlichkeit. Die Astrologie kennt noch viele andere, wovon der Aszendent der wichtigste ist. Für die Bestimmung des Aszendenten muss man allerdings die genaue Geburtszeit kennen. Sie ist erfahrbar, weil sie auf dem Standesamt des Geburtsorts festgehalten wird. Wenn Sie also nicht die Zeit kennen, zu der Sie das Licht der Welt erblickt haben, können Sie dort anfragen und um Auskunft bitten.

Als ich vor über dreißig Jahren damit begann, Horoskope zu erstellen, war ich zunächst sehr erstaunt darüber, dass die Geburtszeit neben dem Geburtstag in den Büchern der Standesämter festgehalten wird. Der Geburtstag dient dem Staat neben anderen Angaben zur eindeutigen Identifizierung einer Person. Aber welchen Zweck erfüllt die Geburtszeit für die Bürokratie? Für mich liegt darin auch heute noch kein größerer Nutzen als dieser: Durch die schriftliche Fixierung der Geburtszeit liefern die Behörden der Astrologie die wichtigste Berechnungsgrundlage und ermöglichen so jedem Menschen einen Blick auf den ganz persönlichen, einzigartigen Anfang seines Lebens.

Der Aszendent symbolisiert die individuelle Note. Das Sonnen- oder Tierkreiszeichen Krebs hat man ja gemeinsam mit allen Menschen, die zwischen dem 22. Juni und 22. Juli geboren sind. Der Aszendent jedoch ergibt sich aus der ganz persönlichen Geburtszeit. Aber was bedeutet nun der Aszendent? Bekanntlich dreht sich die Erde in zirka 24 Stunden um ihre eigene Achse. Von der Erde aus gesehen beschreibt die Sonne dabei aber einen Kreis um unseren Planeten. Dieser Kreis wird – ebenso wie beim scheinbaren Kreislauf der Sonne um die Erde innerhalb eines Jahres – in zwölf Abschnitte unterteilt: die zwölf Zeichen des Tierkreises. Entsprechend steigt am östlichen Horizont etwa alle zwei Stunden ein neues Tierkreiszeichen auf. Dasjenige, das zum Zeitpunkt einer Geburt (oder eines anderen wichtigen Ereignisses) gerade dort aufging, nennt man »Aszendent« (dieser Begriff ist abgeleitet vom lateinischen Verb *ascendere* = »aufsteigen«).

Die Deutung des Aszendenten ist auch dementsprechend: Zunächst einmal wollen die Anlagen (repräsentiert durch den Aszendenten) das Gleiche wie das Tierkreiszeichen am Himmel, nämlich »aufgehen«. Wenn jemand zum Beispiel Aszendent Widder »ist«, strebt die durch dieses Zeichen symbolisierte Kraft danach, im Leben des Menschen mit Aszendent Widder aufzugehen. Es versuchen sich also Widderkräfte zu verwirklichen. Allerdings

sind mit einem bestimmten Aszendenten zwar bestimmte Muster und Energien vorgegeben. Aber es bleibt immer eine Freiheit in der Gestaltung. Je mehr es einem gelingt, sich vom Allgemeinen abzuheben, umso individueller und einmaliger wird man sein, und umso eher erfüllt man seine eigentliche Bestimmung, nämlich ein einmaliger und unverwechselbarer Mensch zu sein.
Ergänzen sich Aszendent und Tierkreiszeichen, dann fällt dies leicht. Zuweilen sind sie aber völlig entgegengesetzt. Entsprechend fällt es einem schwerer, seinen Aszendenten neben seinem Sternzeichen in sein Leben zu integrieren. Der Aszendent dient also einerseits dazu, uns eine individuelle und besondere Note zu verleihen. Darüber hinaus begleitet den Aszendenten ein Sehnen, sich in eine kosmische oder spirituelle Kraft zu verwandeln, »in den Himmel zu steigen«, wie ja auch das tatsächliche Aszendentenzeichen sich im Osten von der Erde erhebt und gen Himmel strebt.

Auf den folgenden Seiten finden sich die zentralen oder wichtigsten Eigenschaften der zwölf möglichen Aszendenten von Krebsgeborenen.
Die exakte Aszendentenposition lässt sich wie gesagt über die Homepage des Autors herunterladen (www.bauer-astro.de).

Der Krebs und seine Aszendenten

Aszendent Widder – Ein Krieger werden
Aszendentenstärken Direkt, spontan, dynamisch, durchsetzungsstark
Aszendentenschwächen Ungeduldig, launisch

Mit dem Aszendenten Widder kommt man auf die Welt, um ein Krieger zu werden. Dieses Wort bedarf einer besonderen Erklärung. Denn mit einem Krieger verbindet man gewöhnlich schreckliche Geschehnisse, schwerbewaffnete Männer (und Frauen), die – meist einem Befehl folgend – töten, foltern, vergewaltigen, enteignen, vertreiben, zerstören, vernichten. Das mögen durchaus auch unerlöste Anteile dieser Aszendentenenergie sein, sie haben aber mit einem bewussten und wissenden Umgang damit nichts zu tun. Der »Krieger« in unserem Sinne steht vielmehr für das Leben. Er verkörpert Initiative, Kraft, Lebendigkeit. Nichts, aber auch gar nichts verbindet ihn mit Zerstörung, Verletzung oder gar Tod. Im Gegenteil. Die höchste Vollendung als Krieger besteht darin, dass er alles aus dem Bewusstsein heraus tut, beim Punkt null zu beginnen. Nichts war schon einmal. Alles ist neu. Der Atem. Das Öffnen der Augen. Das Gehen. Menschen mit dem Aszendenten Widder werden ihr ganzes Leben lang immer wieder neu geboren. Alles, was ihnen widerfährt, zählt als Herausforderung.
Diese Menschen lernen aus Problemen, Schwierigkeiten und Behinderungen, so dass sie in Zukunft gewappnet sind. Auch die Angst werden sie mit der Zeit kennenlernen und wie ein Krieger an ihr wachsen. Angst gleicht einem Heer unsichtbarer Gegner. Man spürt nur, dass man bedrängt wird, eingeengt ist, nicht weiterkann. Aber hat man nicht schon bei seiner Geburt die Erfahrung gemacht, dass es immer weitergeht? Man darf nicht stehen bleiben. Wenn man nicht aufgibt, wird man immer stärker im Leben. Vielleicht muss man zuweilen nachgeben, sich aber sein Ziel immer vor Augen halten. Umwege sind denkbar und Pausen,

doch den eigentlichen Weg wird man nie aus den Augen verlieren.

Mit diesem Aszendenten ist eine jugendliche Gestalt verbunden, und zudem sind so manche »wilden« Unternehmungen älteren Menschen oft nicht mehr möglich. Trotzdem sollten sie ihren Körper sorgfältig pflegen und im Rahmen des Möglichen ertüchtigen. Regelmäßige Gymnastik und eine gesunde Ernährung sind einfach unerlässlich. Noch wichtiger aber ist die geistige Beweglichkeit. Aszendent-Widder-Menschen haben in der Regel das Glück, im Alter fit im Kopf zu bleiben. Aber sie müssen ihren Geist auch immer wieder trainieren. Außerdem können sie den geistigen Alterungsprozess durch Nahrungsergänzungen (Ginkgo zum Beispiel) hinausschieben. Es geht im Alter auch darum, mehr und mehr für Inspirationen empfänglich zu werden. Sich ihnen zu öffnen bedeutet, an der Welt der Ideale, dem Sein, unmittelbar teilzuhaben.

Wenn der Tod irgendwann kommt, werden sie auch diesem Faktum als Krieger begegnen: Sie haben ihren letzten großen Kampf vor sich und stellen sich ihm – mutig, entschlossen, bereit.

Aszendenten-Check
Wie ergänzen sich Sonne und Aszendent? Das Sonnenzeichen Krebs und das Aszendentenzeichen Widder sind widersprüchlich. Das Widderprinzip setzt auf Bewegung und Dynamik, das Krebsprinzip auf Ruhe, Statik und Gefühl. Man gerät daher immer wieder in ein Spannungsfeld zwischen Antrieb und Hemmung. Letztendlich profitiert man aber davon, weil die eigenen Aktionen nicht verpuffen, sondern gehaltvoll und einfühlsam verwirklicht werden können.

Aszendent Stier – Ein Alchemist werden

Aszendentenstärken Solide, sachlich, praktisch, sinnlich, kreativ, schöpferisch
Aszendentenschwächen Stur, inflexibel

Die Bezeichnung »Alchemist« in diesem Zusammenhang stammt von einem Koch mit dem Aszendenten im Zeichen Stier, der – erst 22 Jahre alt – bereits Chef über fünf weitere Köche war und mir in einer Astrologiesitzung sagte: »Ich bin eigentlich ein Alchemist. Ich mache aus einfachen Zutaten (Zucker, Mehl, Eier, Orangensaft …) ein Gericht, an dem sogar die Götter ihre Freude hätten.« Natürlich lassen sich nicht nur einfache Lebensmittel in »Götterspeisen« transformieren. Genauso klappt es mit Häusern (Architekt), Wohnungseinrichtungen (Innenarchitekt), Pflanzen (Gärtner) und tausend anderen Aufgabenfeldern. Ich frage mich manchmal, ob die Fähigkeit mancher Menschen, ihr Geld mit Hilfe von Spekulationen zu vermehren, nicht auch eine moderne Form der Alchemie darstellt. Ob vielleicht Börsianer wie die Alchemisten im Mittelalter Beschwörungsformeln aussprechen, damit ihre Aktien steigen?

Alles lässt sich im Sinne der Alchemie in einen höheren Zustand transformieren. Es ist eine Frage des Bewusstseins. Wenn man sich einmal darüber klar ist, dass man diese Gabe besitzt, geht man anders durchs Leben, nämlich in der Absicht, zu verschönern, alles sinnlicher, angenehmer, vollendeter werden zu lassen. Dann blühen plötzlich Rosen in prächtigeren Farben, der Himmel bekommt ein tieferes Blau, und das Glas Wasser, das man gerade trinkt, schmeckt wie ein nie gekosteter Hochgenuss: Die eigenen Sinne zu verfeinern ist der erste Schritt eines Alchemisten – das Sehen, Hören, Riechen, Schmecken, Tasten. Dann folgt der zweite: die Welt draußen formen, sein Outfit, die Wohnung, das Büro. Am Anfang braucht ein Alchemist noch Zeiten des Rückzugs, um sich zu sammeln und seine eigene Sinnlichkeit abseits allen Treibens zu trainieren. Aber mit der Zeit wird die ganze Welt sein Experimentierraum, und sein »Unterricht« dauert 24 Stunden.

Selbst seine Träume beginnen sich zu gestalten, bekommen intensivere Farben und erzählen von fernen Welten – dem Garten Eden oder dem Schlaraffenland.
Der große Erleuchtete, Buddha, war sowohl von der Sonne als auch vom Aszendenten her ein Stier. Es heißt, dass dort, wo er ging, die Vögel noch lieblicher sangen und die Blüten der Bäume noch intensiver dufteten. Auch Orpheus, einem anderen erleuchteten Wesen, kann man ruhig einen Stieraszendenten »andichten«, obwohl natürlich keine offiziellen Angaben über seine Geburt existieren. Dem Mythos zufolge sang er so vollendet, dass alles um ihn herum verstummte: die Vögel und die Insekten, sogar die Wellen des Meeres und der Wind. Wie ein Buddha, wie Orpheus, so sollen Menschen mit dem Aszendenten Stier durchs Leben gehen.
Im Alter schwindet so manche der Sinnesfreuden: Essen und Trinken haben meist nur noch nährende Funktion, der reine Sex reduziert sich auf ein bescheideneres Maß. Ausgleichend und die Sinne verfeinernd wirkt zum Beispiel die Beschäftigung mit Kunst, egal, ob man sich ihr nur betrachtend oder durch eigenes künstlerisches Tun widmet. Menschen mit dem Aszendenten im Zeichen Stier können jeden Ort, an dem sie leben, zum Garten Eden werden lassen.
Auch dem Tod begegnet ein Alchemist mit dem Mut, ihn zu erhöhen. Er stirbt nicht in Umnachtung, bewusstlos, verkrampft. Er nimmt die letzte große Aufgabe dieses Lebens an und schreitet anmutig hinüber in ein anderes.

Aszendenten-Check
Wie ergänzen sich Sonne und Aszendent? Das Sonnenzeichen Krebs und das Aszendentenzeichen Stier ergänzen sich ausgezeichnet und erschaffen einen Menschen, in dessen Nähe alles wächst und gedeiht. Man ist realistisch, aber nicht dogmatisch, erdverbunden, aber nicht materialistisch. Etwas stur und inflexibel wird man gelegentlich sein, aber da kann man ja auch bewusst gegensteuern.

Aszendent Zwillinge – Ein Kundschafter werden
Aszendentenstärken Gewandt, beredt, vielfältig, kommunikativ, verbindend
Aszendentenschwächen Zerstreut, unsicher

Wer unter dem Aszendenten Zwillinge auf die Welt kommt, ist immer irgendwie unterwegs – in Wirklichkeit oder in Gedanken. Er nimmt von hier etwas mit, trägt es nach dort, tauscht es mit etwas anderem aus und trägt das dann wieder mit sich fort. Dieser Aszendent macht zu einem Kundschafter, zu einem, der erforscht, entdeckt, ausspioniert, analysiert – und der sein Wissen dann weitergibt. Die Betroffenen behalten es nicht für sich, wenigstens nicht dauerhaft wie jemand mit dem Aszendenten Stier, der das, was er hat, behält und vermehrt. Die Bestimmung der Menschen mit Zwillingeaszendent lautet anders: Sie sind der Welt immer nur eine Zeitlang teilhaftig, verbinden sich, behalten, lassen wieder los.

Ein Kundschafter ist wissbegierig. Wo immer er sich aufhält, was immer er tut, er nimmt es mit all seinen Sinnen auf. Dennoch bleibt er in seinem Inneren neutral, er hält Distanz, er lässt sich nicht vereinnahmen. Er geht durchaus eine Beziehung ein. Er ist, was er tut, und ist es auch wieder nicht. Ein »Macher« und »Beobachter« zugleich. Insofern wird er auch immer irgendwie gespalten sein, doppelt – ein Zwillingswesen eben.

Menschen mit Zwillingeaszendent treten nicht als Krieger und Eroberer und auch nicht als Verteidiger und Beschützer auf. Sie sind neutral und friedlich. Ein Kundschafter sein bedeutet, die Kunst der Neutralität bei jeder Gelegenheit zu trainieren. Das heißt nicht, dass man keine Emotionen mehr haben soll. Aber man lernt zunehmend, sich von außen zu betrachten, sich selbst zu beobachten. Auf diese Weise identifiziert man sich immer weniger mit seinen oder den Gefühlen seiner Mitmenschen. Das bringt einem dann auch gelegentlich den Vorwurf der Oberflächlichkeit ein. Denn sich in allem wiederzufinden lässt einen an Tiefe verlieren. Damit muss man mit diesem Aszendenten leben.

Kunde nehmen, Kunde weitertragen, Kunde bringen: Darin liegt die Bestimmung.

Zwar wird es um Menschen mit einem Zwillingeaszendenten auch im Alter nicht so schnell ruhig, weil sie sich vorausschauend mit genügend Kontakten »eindecken«. Dennoch hinterlassen die Jahre ihre Spuren. Dann kommt es darauf an, ob man weiß oder zumindest ahnt, dass alles, was man in der Außenwelt suchte, eigentlich schon immer in einem selbst war, und dass »allein sein« auch »alleins sein« bedeutet. Dann bringt das Alter Schönheit und tiefe Befriedigung.

Aszendenten-Check
Wie ergänzen sich Sonne und Aszendent? Das Sonnenzeichen Krebs und das Aszendentenzeichen Zwillinge sind schwer unter einen Hut zu bringen. Um es ganz einfach zu sagen: Der »Krebsteil« will seine Ruhe, der »Zwillingeteil« will möglichst viel erleben. Das kann sehr anregend bis wahnsinnig nervig sein. Die Vorteile sind eine große Sensibilität und Menschenfreundlichkeit.

Aszendent Krebs – Ein Träumer werden
Aszendentenstärken Gefühlvoll, häuslich, sensibel, fürsorglich, mystisch, spirituell
Aszendentenschwächen Launisch, abhängig

Ein besonderes Problem, dem sich Menschen mit Krebsaszendent stellen müssen, beschert ihnen der Helferplanet Mond, der auf die leibliche Mutter verweist. Bildlich gesprochen hängen sie noch Jahre nach der Geburt oder gar ihr Lebtag lang an der Nabelschnur. Diese Prägung auf die Mutter steht in krassem Widerspruch zu der Botschaft, die einem Aszendenten grundsätzlich innewohnt, nämlich ein eigenständiges Individuum zu sein – frei, unabhängig, einmalig. Aber wie soll ihnen das gelingen, wenn ihre Mutter als Vorbild im Horoskop vorgegeben ist? Eine vertrackte Angelegenheit!

Ich meine, dass sich Menschen mit dem Aszendenten im Zeichen Krebs ein eigenes, unabhängiges Verständnis der Mutterrolle (oder des Mutterbildes) erarbeiten sollten. Sie müssen sich gewissermaßen selbst »abnabeln«. Das wird schwierig und auch sehr schmerzvoll sein. Dabei darf es ihnen nicht darum gehen, besser als ihre Mutter zu werden. Sie müssen eine eigene »Mutter-Krebs-Qualität« entwickeln, schöpferisch sein und über die alten Muster hinaus einen Weg in die Eigenständigkeit finden.

Nur auf diese Weise lässt sich der Widerspruch lösen, der in dieser Konstellation liegt. In einer ewigen Antihaltung hängen zu bleiben (bloß keine Mutter sein) oder sich anzumaßen, die eigene Mutter zu überbieten, wie es oft bei Menschen mit einem Krebsaszendenten zu beobachten ist – meist sind es Töchter –, blockiert das Leben. Eine eigenständige Mutter zu sein heißt, auf den Grund des Wassers zu tauchen. Dort finden sie die nötigen Puzzlesteine, um das eigene Bild zu vollenden.

Menschen, die mit dem Krebsaszendenten geboren werden, haben besonders leicht Zugang zu einer Zwischenwelt, einem Bereich zwischen dem sogenannten Realen und dem Spirituellen. Sie tauchen immer wieder in diese Welt ein – ob im Schlaf oder in einem Tagtraum – und tanken Kraft und erhalten Eingebungen. Träume sind eine große Quelle der Wahrheit. Allerdings haben sie viel von ihrer heilenden und heiligen Kraft eingebüßt, seitdem die Wissenschaft sie physiologisch bzw. psychologisch zu erklären sucht. Dass Träume auch eine Verbindung zur göttlichen Welt bedeuten, blieb dabei scheinbar auf der Strecke. Besonders Menschen mit dem Aszendenten im Zeichen Krebs dürfen sich davon nicht beeinflussen lassen. Ein Träumer zu sein bedeutet, die Quelle allen Seins wieder ins Leben zu integrieren. Dann bekommt die reale Welt Spuren der anderen, wird intensiv, lebendig, schöpferisch. Man erlebt sie wie ein Künstler – ein Maler, Musiker, Dichter. Vor allem aber fließt Mitgefühl in das reale Leben ein. Denn in der spirituellen Welt existiert kein Ego, das meint, sich gegen andere Egos behaupten zu müssen. Alles ist mit allem in unendlicher Liebe verbunden. Ein Träumer zu sein bedeutet jedoch keines-

wegs, mit halb geschlossenen Augen durch die Weltgeschichte zu wandeln. Im Gegenteil, die Verbindung zur Anderswelt lässt einen das Leben hier bewusster und intensiver wahrnehmen.
Wenn der Mensch mit dem Aszendenten Krebs einmal alt geworden ist und dem Tod begegnet, wird er ohne Zaudern hinübergehen in die Welt, die schon immer seine Heimat war.

Aszendenten-Check
Wie ergänzen sich Sonne und Aszendent? Mit der Sonne und dem Aszendenten in diesem Zeichen ist man ein »doppelter Krebs«. Nun kommt es allerdings ganz darauf an, ob man vor oder nach Sonnenaufgang geboren ist. Diese Unterscheidung ist in der Astrologie äußerst wichtig. Man sollte sich daher ein sogenanntes Radixhoroskop erstellen lassen, denn anhand dessen lässt sich diese wichtige Frage entscheiden. Vielleicht findet man es aber auch beim weiteren Lesen selbst heraus.
Wurde man vor oder genau bei Sonnenaufgang geboren, steht die Sonne im ersten Haus. Dann ist man ein »Paradekrebs« – gefühlvoll, fürsorglich, intuitiv und sehr anhänglich. All das, was über Krebsgeborene im ersten Teil des Buches geschrieben wurde, trifft in besonderem Maße zu. Was den Beruf anbelangt, sollte man unbedingt versuchen, eine Führungsfunktion zu übernehmen, denn dafür spricht diese Stellung. Wurde man hingegen nach Sonnenaufgang geboren, ist man eher ein nachdenklicher, sensibler Mensch und verfügt über eine besondere mentale, ja, sogar mediale Begabung. Durch unkonventionelles und schöpferisches Denken lassen sich neue (berufliche) Wege einschlagen. Wichtig ist, ein soziales Verantwortungsgefühl zu entwickeln, denn man ist kein Mensch, den es glücklich macht, wenn er nur an sich selbst denkt: Man hat anderen – der Gesellschaft als Ganzes – etwas zu geben.

Aszendent Löwe – Ein Glücksbringer werden
Aszendentenstärken Selbstbewusst, großzügig, sonnig, herzlich, schöpferisch
Aszendentenschwächen Stolz, träge

Wer unter dem Aszendenten Löwe das Licht der Welt erblickt, macht alle glücklich: Ein Königskind ist geboren, mögen die Verhältnisse unter dem Dach, das seine Wiege beherbergt, auch noch so ärmlich sein. Mit ihm zieht das Glück ein, und das bleibt im Grunde ein Leben lang so, wenn nicht widrige Umstände den natürlichen Charme dieser Menschen brechen. Auch Erwachsene umgibt eine besondere Ausstrahlung, eine »Grandezza«, die signalisiert: »Alle mal hersehen, jetzt komme ich!« Irgendwann hat man auch den entsprechenden Hofstaat (allesamt irgendwie besondere Typen) und in der Regel auch das nötige Kleingeld, um sich ein Dasein in Würde leisten zu können.

Aber es reicht nicht, sich sein Lebtag lang nur im Glanz dieses Sternzeichens zu sonnen. Mit dem Aszendenten ist einem auch der Auftrag in die Wiege gelegt, dem Leben Glanz, Freude und Fröhlichkeit zu verleihen und den Mitmenschen eben Glück zu bringen. Das ist eine schwierige Aufgabe, denn für das, was ein glückliches Dasein wirklich ausmacht, mangelt es in unseren Zeiten immer mehr an Verständnis. Nur wenige leben in solch einem Glück und verbreiten es. Wir reden nicht vom Lottogewinn oder von einer steilen Karriere, sondern von dem Glück, das Fröhlichkeit in die Augen zaubert, Selbstgewissheit schafft, einen mit Zuversicht in die Zukunft blicken lässt und in diesem Vertrauen sorglos macht. Das ist ausgesprochen rar.

Muss man nun, um solch ein Glück verbreiten zu können, über materiellen Reichtum verfügen? Wenn ja, womit soll jemand, der arm wie die sprichwörtliche Kirchenmaus ist, seinem Leben Glanz verleihen? Nun, erstens ist ein Mensch mit Löweaszendent niemals so bedürftig; zweitens geht es nicht um das persönliche, sondern um das Leben schlechthin; und drittens kann man selbst unter den kargsten Bedingungen wie ein Sonnenkönig wirken.

Die Schönheit der Natur beschränkt sich ja nicht auf eine Rose oder Lotusblüte, wir erkennen sie genauso bei einem Vergissmeinnicht oder Gänseblümchen. Nichts kann einen also daran hindern, Glück zu verbreiten, ein Glücksbringer zu sein – außer man selbst. Wenn ein Mensch mit jenem wunderbaren Aszendenten die Welt nicht für »würdig« erachtet, dieses Füllhorn zu empfangen, versündigt er sich durch solche Hybris an seiner Geburt und seinem Aszendenten. Die Sonne wählt nicht aus, wem sie ihr Licht schenkt und wem nicht. Sie verbreitet ihr Licht und ihren Glanz nicht, um zu imponieren. Das hat sie nicht nötig. Auch diese Menschen müssen nicht um Anerkennung buhlen. Bedeutsamkeit haben sie allein schon durch ihre Geburt unter dem aufgehenden Löwezeichen. Sie brauchen sich nichts mehr zu beweisen.

Älter zu werden fällt nur denjenigen schwer, die sich ausschließlich in ihrem Glanz sonnen, ihn aber nicht verschenken. Wer sich dem Leben hingibt, ergibt sich auch mit Leichtigkeit dem Tod.

Aszendenten-Check
Wie ergänzen sich Sonne und Aszendent? Das Sonnenzeichen Krebs und das Aszendentenzeichen Löwe haben – in menschlichen Dimensionen gesprochen – Annäherungsprobleme. Der »Krebsteil« sucht Verinnerlichung und macht eher auf introvertiert. Der »Löweteil« möchte sich ausleben, ist also überwiegend extravertiert. Aus einem anfänglichen »Entweder-oder« kann mit der Zeit daraus aber durchaus ein »Sowohl-als-auch« werden.

Aszendent Jungfrau – Ein Prophet werden
Aszendentenstärken Zuverlässig, logisch,
nachdenklich, planend, vorausschauend, visionär
Aszendentenschwächen Pessimistisch, kritisch

Alles im Kosmos folgt einer Ordnung, entsteht, wächst, vergeht und fließt in einen neuen Zyklus ein. Menschen mit dem Aszendenten Jungfrau sind mit dieser Ordnung in spezieller Weise verbunden. Solche Nähe macht sie empfänglich für besondere Einsichten und Visionen und schenkt ihnen die Fähigkeit, Erfahrungen oder Botschaften – ähnlich dem Götterboten Hermes/Merkur – auf die Erde und unter ihre Mitmenschen zu bringen. Auch wenn sie sich dessen meist selbst nicht bewusst sind, sagen und tun sie zuweilen Dinge, die sich nur so erklären lassen. Menschen mit Aszendent Jungfrau warnen zum Beispiel vor Gefahren oder benennen Risiken. Das führt manchmal zu einer ausgesprochenen Medialität. Ich kenne viele Medien, Kartenleger oder Astrologen mit Jungfrauaszendent. Bei ihnen paart sich das Wissen um eine natürliche Ordnung mit höheren Eingebungen oder Inspirationen. Sie erkennen die Gesetze des physischen Daseins, wissen also, wie die »Räder des Lebens« ineinandergreifen, und bereichern diese darüber hinaus mit Ideen, die ihnen zufallen. Auch viele Psychologen, Therapeuten, Lehrer, Sozialarbeiter, Ärzte und Krankenpfleger mit dieser astrologischen Kombination bestätigen, dass sie jenseits von Wissen und Erfahrung über Quellen verfügen, die ihnen bei ihrer Arbeit von unschätzbarem Nutzen sind.

Grundsätzlich verfügt jeder Mensch mit Aszendent Jungfrau über einen Zugang und »bedient« damit sich selbst und seine Mitmenschen, erteilt Ratschläge, verweist auf Gefahren und Risiken, spricht Warnungen aus. Wenn man allerdings den Himmel als Ziel aus den Augen verliert und sich nur noch am irdischen Alltag orientiert, läuft man Gefahr, alles und jeden zu »benoten«. Daraus wird dann schnell Schwarzmalerei und Defätismus. Es gibt Menschen mit diesem Aszendenten, die die Angewohnheit haben, jeden Impuls mit dem typischen Aszendent-Jungfrau-Satz »Das klappt sowieso nie!« im Keim zu ersticken. Dass sie dann oft auch noch recht behalten, macht das Ganze nur noch schlimmer.

Fraglos befähigt dieser Aszendent zum »zweiten Gesicht«. Man vermag Phänomene zu »sehen«, die anderen verborgen bleiben, und besitzt »magische Flügel«, die in die Zukunft tragen. Dieses Wissen aber gilt es, behutsam und verantwortlich einzusetzen. Sonst richtet es mehr Unheil an, als es Gutes bringt.

Im Alter wird die Kenntnis dessen, was auf die Jungfrauaszendenten zukommt, immer größer, bis sie wissen, was sie erwartet, wenn sie einmal hinübergegangen sind in ein neues Leben.

Aszendenten-Check
Wie ergänzen sich Sonne und Aszendent? Das Sonnenzeichen Krebs und das Aszendentenzeichen Jungfrau ergänzen sich bestens: Man ist einerseits ein praktischer, realistischer Mensch, der sein Augenmerk darauf richtet, sein Leben sicher zu machen. Andererseits verfügt man über ein reiches Gefühlsleben und eine tiefe Intuition. Das Dasein wird so von praktischer Vernunft und emotionalem Erleben geleitet – den besten Voraussetzungen für ein schöpferisches und befriedigendes Leben.

Aszendent Waage – Die Liebe finden

Aszendentenstärken Anmutig, charmant, stilvoll, liebesfähig
Aszendentenschwächen Abhängig, unecht

Menschen mit dem Aszendenten Waage sind die personifizierte Harmonie und verbreiten eine friedliche, angenehme Stimmung. Das Sein erleben sie dual, das heißt stets aus doppelter Perspektive. Bezieht jemand eine bestimmte Position, dann übernehmen sie beinah automatisch die entgegengesetzte. Dazu benötigen sie noch nicht mal ein Gegenüber. Auch in sich selbst geht es stetig hin und her, als gäbe es dort zwei sich widersprechende Parts und Perspektiven. So wie sie die jeweilige Gegenposition vertreten, können sie aber auch dann, wenn derartige Polaritäten schon gegeben sind, den gemeinsamen Nenner finden. Sie verbinden, vermitteln, gleichen aus, führen zusammen.

Menschen mit Waageaszendent werden in solche Familien und Ehen hineingeboren, in denen der Hausfrieden »schief«-hängt. Wenn sich ein Paar streitet oder gar an eine Trennung denkt, kommt ein Kind mit Aszendent Waage, um in einem vielleicht letzten Versuch die Ehe zu kitten. Solche Kinder sind regelrechte

Genies darin, bei Streithähnen Frieden zu stiften. Sie bringen einen »Sternenstaub der Versöhnung« auf die Erde, mit dem sich eine Trennung oft genug hinausschieben lässt. Diese Gabe haben auch Menschen, die unter dem Sternzeichen Waage geboren werden. Sie sind sogar noch erfolgreicher darin, Ehen zu retten. Wer mit dem Aszendenten Waage geboren wird, so habe ich mehrfach festgestellt, schiebt die Trennung eher auf, als dass er sie für immer verhindern könnte.

Die Bedeutung des Aszendenten liegt in der Betonung der Eigenheit oder Persönlichkeit, die einen Menschen ausmacht. Er ist Motor für das Bestreben, sich aus dem Sog der Familie und des Clans zu befreien, um ein eigenes Leben zu führen. Darum muss er irgendwann sein »Nest« verlassen und sein verbindendes Wirken aufgeben. Dennoch erleben Menschen mit dem Aszendenten Waage es dann doch als eine innere Niederlage, wenn sich ihre Eltern trennen. Sich die Logik klarzumachen, die dem Aszendenten innewohnt, vermag dann durchaus eine Hilfe zu sein.

Auch im Erwachsenenalter bleiben Menschen mit Waageaszendent der Liebe verpflichtet. Sie verschenken sie großzügig, wenn sie sie gefunden haben, und sind voller Inbrunst auf der Suche nach ihr, wenn sie ihnen gerade »entwischt« ist. Eigentlich jedoch ist ihr ganzes Leben ein Warten auf die ganz große Liebe. Warum bloß, wird man fragen, finden Menschen, die für die Liebe geboren sind, diesen einen und einzigen Partner so selten?

Die Antwort lautet: Es gibt ihn so nicht. Ein Partner, der Liebe pur ausstrahlt, nach Liebe riecht, nach Liebe schmeckt, ein Partner voller innerer und äußerer Schönheit, der göttlich lieben, sich geistreich unterhalten, sich vollständig hingeben kann und dennoch immer er selbst bleibt: Wo, bitte, findet sich solch ein Mann, solch eine Frau? Es ist der enorme Anspruch, der Menschen mit diesem Aszendenten im Wege steht. Er ist schlicht und einfach *zu* hoch. Die große Liebe der Waageaszendenten findet keine Erfüllung bei einem Wesen aus Fleisch und Blut. Erst wenn ihre Liebe zum Geschenk an das Leben wird – an ein Gedicht, an Musik, einen Baum –, fühlen sie sich am Ziel. Dann können sie jemanden auch aus ganzem Herzen lieben, weil diese Liebe nicht mehr so groß sein muss.

Vor allem im Alter strahlen Menschen mit Aszendent Waage eine Liebe aus, die auf niemand Bestimmtes mehr ausgerichtet ist und dennoch jedem zukommt. Dann wird auch irgendwann der Tod ein Teil des Lebens und verbindet sich mit ihm.

Aszendenten-Check

Wie ergänzen sich Sonne und Aszendent? Das Sonnenzeichen Krebs und das Aszendentenzeichen Waage machen einen zu einer fürsorglichen und liebevollen Person. Man muss allerdings lernen, auch verlangen zu können, dann stellen sich entsprechende Erfolge ein.

Aszendent Skorpion – Unsterblich werden

Aszendentenstärken Furchtlos, unergründlich, bewahrend, leidenschaftlich
Aszendentenschwächen Misstrauisch, starr

Von dem großen Propheten Mohammed stammt der Satz: »Stirb, bevor du stirbst.« Und der Mystiker Jakob Böhme hat gesagt: »Wer nicht stirbt, bevor er stirbt, der verdirbt, wenn er stirbt!« So oder ähnlich lautet auch der Leib-und-Magen-Spruch von Menschen, die unter dem aufgehenden Skorpionzeichen geboren wurden. Das bedeutet in gar keiner Weise, dass sie real gefährdeter wären als andere. Im Gegenteil, Menschen mit dem Skorpion als Aszendent werden älter als die meisten und scheinen dabei noch robuster, also gesünder zu bleiben als ihre Zeitgenossen. Es geht auch beileibe nicht immer gleich um Leben und Tod. Diese beiden Wörter stehen nur symbolisch für das duale Lebensspiel, dem alles folgt: Kommen und Gehen, Begegnen und Trennen, Halten und Loslassen, Tag und Nacht, Plus und Minus. Jeder Mensch hat sich dieser Dualität zu stellen. Aber wer unter dem aufsteigenden Skorpionzeichen geboren wurde, ist ihr besonders ausgeliefert. Er muss in diesem »Fach« seinen Meister machen.

Ein wichtiger »Prüfungsstoff« auf dem Weg dorthin lautet, dem Schein zu misstrauen. Schon als Kinder entwickeln unter diesem Zeichen Geborene einen Blick für alles Falsche, Seichte und Aufgesetzte und schneiden notfalls tief ins »Fleisch«, wenn sie einen faulen Herd vermuten. Wozu? Weil Schwäche, Falschheit und Unaufrichtigkeit keinen Bestand haben vor dem Tod. Nur echte und starke »Materialien« können der Vergänglichkeit trotzen. Das bezieht sich auch auf ihre Beziehungen. Jeden potenziellen Partner, dem sie begegnen, unterziehen diese Aszendenten bewusst oder unbewusst einem sofortigen Check, um herauszufinden, ob der andere ihrem Wunschpartner entspricht, ob sie mit ihm – symbolisch gesagt – »dem Tod trotzen« können.

Kinder gehören natürlich zum Lebensskript dieser Menschen. Sie stehen sogar ganz oben in der Karmaliste. Von hundert Skorpionaszendenten bekommen 99 mindestens ein Kind – weil Kinder die sicherste Waffe gegen den Tod sind. In ihnen lebt es doch weiter, das Blut, das Erbe, der Name, die Erinnerung. Dass diese Regel nicht für jeden mit Aszendent Skorpion zutrifft, liegt lediglich daran, dass ein Horoskop eben nicht nur aus dem Aszendenten besteht.

Der Aszendent Skorpion verbindet ebenso mit den Ahnen. Es fällt einem daher immer auch die Aufgabe zu, sich um die Vergangenheit zu kümmern, sie in Ehren zu halten und sie – wenn nötig – in ein anderes Licht zu rücken, um (Karma-)Schulden einzulösen. Aber es existiert auch ein anderer Weg der Unsterblichkeit. Ich weiß von Menschen mit diesem Aszendenten, die keinerlei Angst mehr vor dem Leben haben und damit auch nicht vor dem Tod. Sie wissen, dass es immer weitergeht. Sie nehmen jeden Moment ihres Daseins als das Einzige, was zählt. Insofern sind sie unsterblich und ewig geworden. Diese Gnade erwächst aus der Hingabe an das Leben von Moment zu Moment, wie es im Aszendenten Skorpion angelegt ist. Wenn sich diese Energie aufrichtet, nach oben steigt, wird sie frei von jeglicher Schwere. Die Astrologie

schuf dafür ein wunderbares Bild: Sie erhob den erlösten Skorpion zum weisen Adler. Befreit aus der Enge des stacheligen Skorpionpanzers entweicht dieser Vogel und hebt sich in den Himmel der Unendlichkeit.
Von Moment zu Moment leben bedeutet aber auch, jeden Augenblick loszulassen – auch dann, wenn es dereinst hinübergeht in eine andere Welt.

Aszendenten-Check
Wie ergänzen sich Sonne und Aszendent? Diese Kombination macht einen zum Menschen mit »doppeltem Wasser« – denn sowohl Krebs als auch Skorpion gehören dem Wasserelement an. Für die lebenspraktische Bewältigung bestehen mit dermaßen viel »Flüssigkeit« manchmal Probleme. Dafür ist man extrem sensibel, einfühlsam, fürsorglich und allem Seelischen gegenüber aufgeschlossen. Man muss versuchen, einen Weg zu finden, auf dem sich sowohl das große Mitgefühl als auch die schöpferischen Talente einbringen lassen.

Aszendent Schütze – Seelenheiler werden
Aszendentenstärken Optimistisch, aufgeschlossen, mitreißend, jovial, beseelend
Aszendentenschwächen Unrealistisch, leichtgläubig

Eine Seele, die sich inkarniert, während sich im Osten das Tierkreiszeichen Schütze in den Himmel schiebt, wird immer von Trost und Hoffnung begleitet. Wer unter diesem Aszendenten geboren wird, dem haften wundersame Fähigkeiten an: Er vermag Wunden zu heilen, die die Zeit geschlagen hat, und kann – Engeln oder kleinen Göttern gleich – dem Schicksal Schönheit und Würde verleihen.
Noch bei jedem Menschen mit dieser Konstellation, der in meine Praxis kam, gab es in der Vergangenheit ein Unglück, das nach menschlichem Ermessen nicht hätte geschehen müssen. Angehö-

rige starben beispielsweise bei einem unnötigen Einsatz im Krieg oder wegen fehlender oder falscher medizinischer Hilfe. Solche Tragödien werden in den Familien nicht ad acta gelegt, sondern an spätere Kinder weitergegeben, die dann mit einem Aszendenten Schütze auf die Welt kommen. Diese nehmen sich auf ihre Weise des »Versagens« vergangener Zeiten an und versuchen, das Schicksal von damals durch ihre Lebensführung zu verändern. Sie wollen verhindern, dass es noch einmal so schrecklich zuschlägt. Niemand bittet diese Menschen um Hilfe oder gar um Vergeltung. Nur die wenigsten von ihnen werden sich jemals bewusst darüber, was sie eigentlich tun. Und dennoch macht sich ein Anteil in ihnen von Kindesbeinen an auf den Weg, in das Schicksal einzugreifen. Sie kommen auf die Welt, öffnen die Augen und würden, könnten sie sprechen, sagen: »Jetzt komme ich und vertreibe eure Sorgen und bringe Hoffnung. Jetzt wird alles gut.«

Menschen mit diesem Aszendenten sind häufig noch mit achtzig fit und treiben gar Sport. Sie bleiben auch im Kopf rege. Zuweilen fällt ihnen die große Gnade zu, bewusst und klaren Geistes die Schwelle des Todes zu übertreten – wissend, dass dies nicht das Ende ist.

Aszendenten-Check
Wie ergänzen sich Sonne und Aszendent? Man verfügt über Inspiration und Intuition und ist damit ein begnadeter Mensch. Aber es braucht Ziele, die einen begeistern, und Menschen, die sich begeistern lassen. Zuweilen gerät man auch in den Konflikt zwischen der Sehnsucht nach einem »Nest« und dem Bedürfnis nach Ferne. Das bereitet vielleicht ein paar Probleme, aber vermittelt auch einen weiten Horizont.

Aszendent Steinbock – Wahrhaftig werden
Aszendentenstärken Sachlich, objektiv, gerecht, zäh, erfahren
Aszendentenschwächen Hart, kalt

Das Sternzeichen Steinbock regiert auf der nördlichen Halbkugel der Erde die kalte Jahreszeit. Daher begleitet auch jeden, der unter diesem Aszendenten auf die Welt kommt, ein Hauch winterlicher Stimmung – obwohl ihre Geburt schon in das Ende des Winters fällt. Damit verbunden ist eine große Widerstandsfähigkeit, auch wenn die nicht immer gleich vom ersten Atemzug an erkennbar ist. Menschen mit Steinbockaszendent kommen sogar öfter zart besaitet, zuweilen sogar mit einer Schwäche auf die Welt. Aber das Leben konfrontiert sie von Anfang an mit Härtetests nach dem Motto »Gelobt sei, was hart macht« bzw. »Du schaffst es, oder du hast hier nichts verloren«. Dieser rauhe Empfang verfolgt nur den einen Zweck: Widerstandskraft zu wecken, abzuhärten und einzustimmen auf ein Leben, das viel von einem verlangt. Das Neugeborene bekommt aber auch bedeutsame Unterstützung: Dieser Mensch wird Gipfel stürmen. Etwas Besonderes leisten. Ruhm und Ehren erlangen. Er wird kein Schwächling werden, keine »Schande« bringen, kein x-beliebiges Rädchen im Getriebe des Lebens sein. Wenn ein Kind mit Aszendent Steinbock das Licht der Welt erblickt, überkommen Familie und Sippe großer Stolz. Aber es zieht zugleich Kühle ein. Diese Kinder werden weder Wärme noch Gemütlichkeit verbreiten. Mit ihnen kann man auch nicht stundenlang zärtlich schmusen. Lässt man mal fünf gerade sein, fühlt man sich in ihrer Nähe sogar ein wenig schuldig.

Später sind sich Menschen mit Aszendent Steinbock ihrer selbst sicher und leben nach festen Prinzipien und Regeln. Durch ihre Klarheit gehen sie ihrem Umfeld oft als Beispiel voran, geben Orientierung und stehen mit gutem Rat bereit. Sie beeindrucken vor allem durch ihre Standfestigkeit, weswegen sie in Notsituationen gern aufgesucht werden. Ihre Geradlinigkeit und Sachlichkeit scheinen sie unanfechtbar zu machen. Und doch können gerade diese Eigenschaften sie ins Schleudern bringen. Denn wenn man zu sehr an der Materie haftet, wird man mit der Zeit hart und spröde.

Falls man meint, die Bestimmung bestehe ausschließlich darin, sich gegen die Wogen des Lebens zu stemmen, um erfolgreich zu sein, nimmt mit fortschreitendem Alter der Körper eine verspannte Haltung ein. Vor allem Rücken und Knie sind davon betroffen. Wenn man hingegen sein Handeln auf der Erde als vorübergehend betrachtet und die Ausrichtung nach oben nicht verliert, erfährt man durch kosmische Fürsorge den Trost, den man für sein hartes Dasein braucht. Vor allem aber erfährt man sein Leben als getragen von Sinn und Bestimmung. Von solchen Menschen geht dann tatsächlich ein inneres Leuchten aus, das anderen Kraft und Sicherheit verleiht.

Im Alter wird alles leicht. Die Unbeschwertheit vermischt sich mit Weisheit und schenkt den Betreffenden glückliche Jahre, so dass sie, kommt dereinst der Tod, leichten Fußes in die andere Welt hinübergehen können.

Aszendenten-Check
Wie ergänzen sich Sonne und Aszendent? Das Sonnenzeichen Krebs und das Aszendentenzeichen Steinbock sind sehr verschieden, was zu inneren Spannungen führen kann. Aber Probleme machen einem nicht nur zu schaffen, sondern sie bringen uns auch weiter – und das wird bei dieser Kombination umso wichtiger, je älter man ist. Am schwierigsten ist es, damit fertig zu werden, dass man sowohl eine tiefe Bindung wünscht als auch Karriere machen will.

Aszendent Wassermann – Einmalig werden

Aszendentenstärken Human, frei, unkonventionell, erfinderisch, individualistisch

Aszendentenschwächen Exzentrisch, nervös

Ein Mensch, der auf die Welt kommt, während am östlichen Horizont das Sternzeichen Wassermann aufgeht, ist voller Rätsel: Wer ist er? Woher stammt er? In aller Regel gleicht er weder der Mutter noch dem Vater, so dass zumindest bei Letzterem früh Zweifel an seiner Vaterschaft aufsteigen. Aber auch die Mutter blickt skeptisch auf ihr Kind und fragt sich im Stillen, ob es womöglich nach der Geburt vertauscht wurde, so wenig ähnelt es ihr oder ihrem Mann. Zunächst verwirren äußerliche Merkmale wie Nase, Augen und Haarfarbe. Später kommen Irritationen über sein Wesen und sein Verhalten dazu. Beinah befremdlicher ist jedoch die Tatsache, dass der Nachwuchs sein Anderssein anscheinend auch noch kultiviert. Er widersetzt sich allen Erwartungen und wehrt sich vehement dagegen, in irgendein Schema gepresst zu werden.

Was Menschen mit einem Wassermannaszendenten nicht ausstehen können, sind Gesetze und Regeln a priori. Sie hassen alles, was so ist, weil es so ist oder so zu sein hat. Für sie zählen Einsicht, Vernunft und Verstehen. Man könnte auch sagen, sie folgen einer Moral, die schon vor ihrer Geburt in ihr Hirn gepflanzt wurde.

Menschen mit Wassermannaszendent stehen von Kindheit an mit Autoritäten auf dem Kriegsfuß. Heftige Auseinandersetzungen während der Pubertät bleiben bei diesem ausgeprägt individualistischen Charakter kaum aus. Dass es solche Kinder früh aus dem Haus zieht, ist nur konsequent. Man lasse sie gehen. Sie finden ihren Weg hinaus – und auch wieder einen zurück.

Im Erwachsenenalter kommen auch diese lebhaften Wesen etwas zur Ruhe. Sie dürfen aufatmen. Allerdings sollten Sie sich tunlichst ersparen, in einem allzu autoritären und hierarchisch gegliederten Umfeld zu arbeiten und zu leben. Das klappt mit diesem Aszendenten nicht. Passend sind Berufe mit kreativem Potenzial und möglichst offenen Arbeitszeiten. Vierzehn Stunden als Beleuchter beim Film, wovon nur acht Stunden bezahlt werden, machen zufriedener denn verbriefte acht Stunden als Beamter auf Lebenszeit. Menschen mit Aszendent Wassermann werden auch aus einem ersten Kuss nie gleich ein »Immer und ewig« machen. Sie sind ausgesprochen freiheitsliebende Wesen, die sich erst dann binden wollen, wenn sie viel Erfahrung gesammelt haben.

Das Alter überrascht: Sofern sie ihre Individualität und Besonderheit gelebt haben, erwartet sie ein vergnüglicher Lebensabend, an dem sie ihrem Bedürfnis nach Freiheit und Unabhängigkeit unvermindert nachgehen können. Haben sie sich jedoch diesen Drang »verkniffen«, können sie unter Umständen absurde Gewohnheiten entwickeln. Kommt dann der Tod, ist ihre Seele neugierig und gespannt, was dahinter beginnt.

Aszendenten-Check
Wie ergänzen sich Sonne und Aszendent? Das Sonnenzeichen Krebs und das Aszendentenzeichen Wassermann sind schwer unter einen Hut zu bringen. Um's geradeheraus zu sagen: Der »Krebsteil« will seine Ruhe, das »Wassermannnaturell« will möglichst viel erleben. Das kann wahnsinnig nervig sein, ist aber bei genügend Kompromissbereitschaft und geistiger Aufgeschlossenheit auch sehr anregend.

Aszendent Fische – Ein Mystiker werden
Aszendentenstärken Geheimnisvoll, intuitiv, sensibel, mitfühlend, mystisch
Aszendentenschwächen Unsicher, unrealistisch

»Tat twam asi«: Dieser Satz entstammt der indischen Philosophie und besagt, dass Objekt und Subjekt, Ich und Du, nicht getrennt, sondern eins sind. Der große Philosoph Arthur Schopenhauer (1788–1860) bezieht sich auf diesen Satz, wenn er über das Mitleid oder Mitgefühl philosophiert. Er sieht die metaphysische Grundlage des Mitgefühls darin, dass wir im Grunde alle eins sind. Wir selbst sind es also, die im anderen leiden. Und wir helfen daher der eigenen Person, wenn wir praktisches Mitleid üben.

Tiere haben kein Mitgefühl oder höchstens Spuren davon. Kleinkinder können unendlich grausam sein und zeigen in aller Regel lange nichts von diesem Mitleiden, das Heranwachsende und Erwachsene zuweilen überfällt. Menschen mit dem Aszendenten Fische sind besonders davon betroffen. Ihr Herz krampft sich zusammen, wenn sie an einem Bettler vorbeigehen. Es kann ihnen die Tränen in die Augen treiben, wenn sie andere leiden sehen. Wann immer sie jemand braucht, sind sie zur Stelle. Selbstverständlich. Sich ständig ausnutzen zu lassen geht natürlich auch nicht. Manche Menschen mit Fischeaszendent verzweifeln an ihrer Empathie, weil sie von dem, was sie geben, nie etwas zurückerhalten. Es kommt sogar nicht selten vor, dass jemand mit diesem Aszendenten regelrecht hart und abweisend wird. Aber das ist nur ein Schutz gegen den weichen Kern und schadet letztlich dem Karma. Kinder mit Fischeaszendent sind zarte, sensible, sehr »durchlässige« Wesen, die die Gefühle anderer unmittelbar aufnehmen. Umgekehrt erkennt man sofort, wie es ihnen geht. Sind sie verstimmt, leiden sie, und zwar still und leise. Meist ist die Ursache ihres Kummers die Familie, für deren Schwierigkeiten sie sich »zuständig« fühlen. Die Pubertät kann schrecklich sein. Mit allen Mitteln wird um Anerkennung und Liebe gerungen, und man erliegt doch immer wieder dem »Wasser«, verliert sich und geht unter. Glück hat, wer in seiner Familie mit Toleranz und Verständnis aufwächst. Das Unglück wiederum häuft sich zu einem Berg, wenn einem auch noch die Eltern vorwerfen, nicht so zu funktionieren wie andere. Das setzt sich im Erwachsenenalter fort. Nur sind es jetzt Chefs und Kollegen, von denen man abhängig ist. Menschen mit Fischeaszendent werden es sicher leichter haben, wenn sie in künstlerischen oder sozialen Bereichen arbeiten können. Dennoch sind es letztlich die Mitmenschen, die einem das Leben leichter oder schwerer machen, egal, ob man Krankenschwester oder Verkäuferin in einem Supermarkt ist.

Das Alter bringt hier die große Erleichterung. Dann endlich können

die Betreffenden loslassen und müssen niemandem mehr etwas beweisen. Bis dahin haben sie dann auch längst herausgefunden, dass Alleinsein nicht Einsamkeit bedeutet, sondern sich dabei viel eher das Gefühl einstellt, »all-eins« zu sein. Das Loslassen schafft zudem Raum für neue Interessen oder versteckte Fähigkeiten. Vielleicht ergibt sich ein künstlerisches Hobby. Ich kenne Frauen, die noch mit siebzig Astrologie oder alternative Heilverfahren studieren.
Je älter sie werden, umso stiller und zurückgezogener leben Menschen mit diesem Aszendenten – vorausgesetzt, sie sind im Frieden mit ihrem Karma. So können sie dann auch irgendwann auf dem Strom des Lebens hinübertreiben in die Anderswelt.

Aszendenten-Check
Wie ergänzen sich Sonne und Aszendent? Diese Kombination macht einen zu einem Menschen mit »doppeltem Wasser« – denn sowohl Krebs als auch Fische gehören diesem Element an. Für die lebenspraktische Bewältigung bestehen mit dermaßen viel Wasser manchmal Probleme. Dafür ist man unglaublich sensibel, einfühlsam, fürsorglich und allem Seelischen gegenüber aufgeschlossen. Man muss versuchen, einen Weg zu finden, auf dem sich sowohl das große Mitgefühl als auch die schöpferischen Talente einbringen lassen.

Der Mond – Die Welt der Gefühle

Die Welt, die monden ist
Vergiss, vergiss, und lass uns jetzt nur dies
erleben, wie die Sterne durch geklärten
Nachthimmel dringen, wie der Mond die Gärten
voll übersteigt. Wir fühlten längst schon, wie's
spiegelnder wird im Dunkeln, wie ein Schein
entsteht, ein weißer Schatten in dem Glanz
der Dunkelheit. Nun aber lass uns ganz
hinübertreten in die Welt hinein, die monden ist.
Rainer Maria Rilke (1875–1926)

Die Bedeutung des Mondes

In einem Schöpfungsmythos heißt es, der Mond sei ein Kind der Erde. Ein anderer beschreibt ihn als Teil unseres Planeten, den dieser aus sich herausgerissen und in den Himmel geschleudert habe, um damit Raum für das Wasser der großen Ozeane zu schaffen. Und dieses Wasser brachte der Erde Fruchtbarkeit. Zu letzterer Geschichte würde passen, dass das Volumen des Mondes, großzügig bemessen, etwa so groß ist wie der Raum, den alle Meere zusammen einnehmen.

Unter den Gestirnen am nächtlichen Himmel ist der Mond uns am nächsten und am vertrautesten. Er nimmt der Nacht ihre tiefe Dunkelheit und schenkt damit Trost und Hoffnung. Er ist uns so vertraut, dass wir in ihm menschliche Umrisse zu erkennen meinen: Seine Schatten bilden ein Gesicht, wir sehen eine alte Frau oder den Mann im Mond mit einem Reisigbündel auf dem Rücken. Er ist Gegenstand von Traumwelten. Wir besingen ihn in Gedichten und kraxeln mit Münchhausen an der Bohne zu ihm hoch oder umkreisen ihn mit Jules Verne.

Blicken wir zum Mond, erfahren wir Wandel und Veränderung: Täglich ist er ein Stück größer oder kleiner und geht früher oder später auf und unter. Manchmal ist er überhaupt nicht zu sehen, und dann wieder scheint er so hell, dass die Nacht fast zum Tag wird. Nimmt er zu, taucht er schon am Nachmittag als bleiches, fast durchsichtig erscheinendes Gebilde am Himmel auf, das von Stunde zu Stunde kräftiger wird, bis es sich hellweiß vom blauen Himmel abhebt. Nimmt er ab, bleibt er noch lange am Tageshimmel wie ein Phantom, das immer blasser und formloser wird, um sich schließlich wie ein Wolkengespinst in nichts aufzulösen. Das Geheimnisvolle, das Veränderliche, das Tröstende und das Ängstigende, das sind die unmittelbaren Begleiter des Mondes.

Als Gegenspieler zur brennenden Sonne bringt der Mond erfrischende Kühle. Und das ist eine wichtige Qualität. Vor allem in der südlichen Hemisphäre, besonders in den unendlichen Weiten der Wüsten, galt der Mond schon immer als Manifestation von

Fruchtbarkeit, und das einfach deswegen, weil während eines Großteils des Jahres allein die Nacht die Kühle bringt, die Mensch und Natur benötigen, um zu leben und zu überleben. Die sich füllende und wieder leerende Schale am Himmel ist dort ein Symbol für Quelle und Wasser und damit für die wichtigsten »Schätze« der Wüste. Dass ein Land wie Tunesien, dessen Gebiet sich zu einem großen Teil über die Sahara erstreckt, den Mond in seinem Wappen trägt und ihm damit ein überragendes Denkmal setzt, ist weder ein Wunder noch ein Zufall.

Vom Wasser und Fruchtbarkeit bringenden Mond ist es nur ein kleiner Schritt zum größten Mysterium des Lebens, nämlich zu Schwangerschaft und Geburt. Die Astrologie verbindet den Mond mit dem Urweiblichen – von der Empfängnis über die Schwangerschaft und Geburt bis hin zum mütterlichen Stillen und zum Muttersein selbst. Die offensichtlichste Analogie zwischen Frau und Mond ist natürlich, dass sein Lauf von einem Vollmond bis zum nächsten genauso lange dauert wie ein weiblicher Zyklus, nämlich vier Wochen.

In allen Mythen, Geschichten und Erzählungen über den Mond wird er als weiblich, die Sonne hingegen als männlich gesehen. In den romanischen Sprachen setzt sich diese Tradition fort: So heißen Sonne und Mond im Italienischen *la luna* und *il sole*, im Französischen *la lune* und *le soleil*. Warum der Mond im Deutschen männlich, die Sonne hingegen weiblich ist, mag ein zufälliger Dreher sein. Zu vermuten ist allerdings, diese Zuordnung könnte bedeuten, dass in unserer Sprache ein Wechsel geschlechtsspezifischer Prägung möglich ist – mit allen Vor- und sämtlichen Nachteilen.

Der Mond also – gemeint jedoch ist die »Möndin« – stellt die Verkörperung alles Weiblichen dar. Dass dies automatisch nur auf Frauen zutreffen muss, ist damit keineswegs gesagt. Warum sollte ein Mann nicht »weiblich« sein können – und umgekehrt eine Frau nicht auch »männlich«? In manchen »Mondländern« jedenfalls ist die überkommene Fixierung der Geschlechterrollen zum Teil unerträglich: Es ist für die Gesellschaft sicher wichtig, dass Frauen als potenziellen Müttern Achtung entgegengebracht wird; aber es ist *ver*achtend, ihnen darüber hinaus keine Aufgaben zuzugestehen. Dass sie, wenn sie keine Kinder mehr bekommen können, nicht viel mehr »wert« sein sollen als eine Ziege oder ein Kamel, verletzt schlichtweg die Menschenwürde.

Zurück zum Mond: Er empfängt, geht schwanger, gebärt, nährt, hegt und pflegt. Genau das Gleiche »macht« er in unserem Horoskop, also mit uns: In dem Tierkreiszeichen, in dem er sich bei der Geburt gerade befindet, ist sein Standort, sein Zuhause. Dort will und muss er seiner Bestimmung nachkommen und wird im Laufe eines menschlichen Lebens empfangen, schwanger werden, gebären, nähren, hegen und pflegen.

Darin unterscheidet sich der Mond von der Sonne, die Energie und Vitalität in uns entzündet und damit Lebensfreude und Schaffenskraft stiftet. Der Mond empfängt. Er bekommt die Kraft und das Licht der Sonne, um zu leuchten, so wie in der traditionellen Rollenverteilung die Frau des Schutzes und der Versorgung durch den Mann bedarf. Aber der Schluss, Mondlicht wäre nur reflektierter Sonnenschein, ist falsch. Die Astrologie weiß von ureigenen Kräften des Erdtrabanten. Er transformiert Sonnenenergie. Um sich wenigstens etwas von dieser Umgestaltungskraft vorstellen zu können, sei auf den Vorgang von Zeugung und Schwangerschaft verwiesen: Der Same wäre dann der »Beitrag« der Sonne (des Mannes). Dass daraus schließlich ein menschliches Wesen wird, wäre wiederum die »Zugabe« des Mondes (der Frau). Bei der Sonne fragt der Astrologe: »Was kann ich? Wo ist mein größtes Potenzial?« Beim Mond fragt er: »Wo bin ich zu Hause? Wo fühle ich mich wohl? Wie erlebe und fühle ich? Wo will ich ›gebären und fruchtbar werden‹?« Und das ist natürlich in keiner Weise »nur« aufs Kinderkriegen beschränkt.

Der Mond als sich wandelnder himmlischer Geist war aber auch schon immer ein Symbol für das Innenleben. Verweist uns die

Sonne auf unsere Fassade, die äußere Erscheinung, mit der wir uns der Welt präsentieren und von der wir uns wünschen, dass uns andere auch so erleben, verrät uns der Mond unsere Empfindungen, unsere Gefühle. Darüber sprechen wir nicht mit jedem, wir offenbaren sie nur den Menschen, die uns nahe sind und denen wir vertrauen. Das Sternzeichen, der Stand der Sonne, beleuchtet unser öffentliches Sein. Der Mond hingegen spielt im zwischenmenschlichen und damit eher im privaten Sein eine große Rolle.

Aber es geht noch tiefer, wird noch geheimnisvoller: Der Mond ist nicht nur zuständig für unser Innenleben. Er blickt auch in einem übergeordneten Sinn »dahinter«: Der Mond – die »Möndin« – öffnet ein Fenster in eine andere Dimension. In unserer westlichen Zivilisation ist der Zugang meist nur wenigen begnadeten Seelen möglich. Oft sind das Künstler. Ein wunderbares Beispiel ist das Gedicht von Rainer Maria Rilke über den Mond, das diesem Kapitel als Einstimmung vorangestellt ist. Aber auch während eines Sommeraufenthalts in Italien oder Griechenland lässt sich etwas vom Mythos Frau Lunas erahnen, dann nämlich, wenn sich wie aus dem Nichts heraus am helllichten Tag ein Geist am Himmel offenbart, der sehr viel später erst zum Mond wird. Noch viel deutlicher aber ist es in der Wüste, der Urheimat der Astrologie. Dort ist der Trabant kein fremdes Gestirn, sondern eine Göttin, die sich am Himmel zeigt und einen Türspalt offen lässt für diejenigen, die bereit sind, hinüberzuschauen. Der Mond verkörpert auch die heilige Schale der Taufe und die Einweihung in die Geheimnisse des Seins. Dort, wo er im Horoskop steht, findet sich die Gnade, an übersinnlichen Erfahrungen teilzuhaben. Er ist eine Pforte in das Reich der Mystik und Spiritualität. Der Mond führt zu Gott, nicht unser Zentralgestirn.

Frauen sind dem astrologischen Mond näher als ihrer Sonne. Sie müssten sich daher eigentlich auch eher an ihrem Mond- als an ihrem Sternzeichen orientieren. Es ist aber so, dass sich die gängige Astrologie an der Sonne und damit am Männlichen ausrichtet: Ein Sonnen- oder Sternzeichenhoroskop findet man beinah in jeder Zeitung, das Mondzeichenhoroskop hingegen in keiner einzigen.

Je mehr eine Frau allerdings aus ihrer klassischen Rolle einer Mutter und Hausfrau herauswächst und »ihren Mann steht«, desto stärker wird sie auch ihre Sonne leben. Allerdings wäre es völlig falsch, wenn sie den Mond dann unberücksichtigt ließe. Eine bewusste und emanzipierte Frau schöpft aus beiden: Führungsaufgaben, die von Männern grundsätzlich hierarchisch gelöst werden, packen Frauen anders an. Sie lassen mehr Nähe (Mond) zu und motivieren ihre Mitarbeiter dadurch auf einer persönlicheren Ebene. Auch bei Entscheidungen sind Frauen, die sowohl Logik (Sonne) als auch Intuition (Mond) zulassen können, Männern überlegen, die sich nur nach der Sonne richten.

Während Frauen ihren Mond eher unmittelbar selbst leben, neigen Männer dazu, sich eine Frau zu suchen, die ihrem Mond entspricht. Insofern gelten die Aussagen über die einzelnen Mondpositionen für Männer nur indirekt, sie beschreiben sozusagen »Suchbilder«. Ein solches Bild bezieht sich dann auf die Frau, mit der man zusammenleben will und die möglicherweise sogar die Mutter gemeinsamer Kinder wird.

☾ Der Mond ist der Hausplanet oder das herrschende Gestirn des Krebszeichens und übernimmt auch das Element des Zeichens, also Wasser. Das astrologische Symbol besteht aus zwei Halbkreisen – dem Ursymbol des Seelischen.

Auf den folgenden Seiten finden sich die zentralen Eigenschaften der zwölf Mondpositionen. Bei der individuellen Anwendung ist stets zu berücksichtigen, dass die Mondposition immer auch durch die Häuser und durch Verbindungen mit verschiedenen Gestirnen eine andere Färbung bekommen und im Einzelfall auch einmal stark von den hier genannten Deutungen abweichen kann.

Ihre exakte Mondposition lässt sich wieder über die Homepage des Autors herunterladen (www.bauer-astro.de).

Der Krebs und seine Mondzeichen

Der Mond im Zeichen Widder – Temperamentvoll
Mondstärken Unternehmungslust, Impulsivität, Direktheit, Selbständigkeit, Ichhaftigkeit, Suche nach eigenständiger Wirksphäre, intensives Phantasieleben, musikalische oder bildnerische Begabung, Ideenträger sein, Erspüren von Macht
Mondschwächen Aggressivität, Spannung, Ungeduld, Nervosität

Die Botschaft des Mondes lautet: »Das Leben ist ein immerwährender Kampf. Sei wachsam und bereit. Lass dich nicht unterkriegen, sondern versuch dir einen der vorderen Plätze im Leben zu ergattern. Das ist deine Bestimmung. Du brauchst zwar Pausen, in denen du auftanken kannst, aber zu lange darfst du dich nie dem aktiven Leben entziehen. Sonst könntest du zurückfallen und untergehen. Du brauchst Erfolgserlebnisse. Sie sind der Stoff, der dich am Leben hält. Sei immer auf der Hut!«

Mond-Check
Wie weiblich macht dieser Mond? Nicht besonders stark. Widder ist ein sehr männliches Zeichen.
Wie mütterlich macht dieser Mond? Man wird ein »Kumpel zum Pferdestehlen«, aber kein ausgeprägter Muttertyp.
Wie gefühlvoll macht dieser Mond? Er macht sehr feurig. Aber das bedeutet nicht, dass man in Gefühlen geradezu badet.
Wie intuitiv macht dieser Mond? Sehr sensibel und unglaublich phantasievoll.
Was braucht man mit diesem Mond? Wärme, Selbstbestätigung, Aufmerksamkeit, Anerkennung.
Für den Mann: Wie lautet das Suchbild »(Mond-)Frau«? Sie soll temperamentvoll, ichhaft, bestimmend, aktiv sein und darf ruhig auch den Ton angeben.

Der Mond im Zeichen Stier – Erdverbunden
Mondstärken Lebensfreude, Genuss, gefestigtes Gefühlsleben, Naturliebe, Musikalität, Sammelleidenschaft, Gutmütigkeit, Häuslichkeit, Geschmack
Mondschwächen Antriebsschwäche, Materialismus, Geiz, Gier

Die Botschaft des Mondes lautet: »Du bist ein Kind der Erde. Verbinde dich daher stets mit ihr. Hier findest du alles, was du brauchst. Lass die Erde auch deine Lehrmeisterin sein. Lerne von ihr. Beobachte, wie alles mit einem Samen – also klein – beginnt und mit der Zeit immer größer wird. Sei geduldig, und Größe und Reichtum sind dir sicher. Lerne auch von der Mutter Erde, dass alles einem Kreislauf folgt. Sei also bereit, zu bestimmten Zeiten loszulassen, um dann wieder neu empfangen zu können.«

Mond-Check
Wie weiblich macht dieser Mond? Sehr weiblich. Er ist beinah so etwas wie der Inbegriff von Weiblichkeit.
Wie mütterlich macht dieser Mond? Kinder und Familie gehören zu ihm.
Wie gefühlvoll macht dieser Mond? Er beschert ein sehr natürliches und selbstverständliches Gefühlsleben.
Wie intuitiv macht dieser Mond? Man fühlt sich den Geschöpfen der Natur sehr nahe und bezieht aus der Natur Kraft und Intuition.
Was braucht man mit diesem Mond? Seinen Platz, ein Zuhause, Sicherheit, einen gewissen Wohlstand.
Für den Mann: Wie lautet das Suchbild »(Mond-)Frau«? Sie soll praktisch, sinnlich und fürsorglich sein.

Der Mond im Zeichen Zwillinge – Heiter

Mondstärken Vielseitigkeit, Ausdrucksfähigkeit, Kontaktfreude, schriftstellerische Begabung, intuitives Erfassen anderer Menschen, gute Selbstdarstellung

Mondschwächen Oberflächlichkeit, Manipulation, Enttäuschungen, Zerrissenheit

Die Botschaft des Mondes lautet: »Du bist aus dem Element Luft geboren, leicht wie sie und grenzenlos. Das musst du dir als dein Lebensprogramm immer vor Augen halten: Niemand und nichts darf dich je einengen oder festhalten. Du wirst dich selbst binden und festsetzen, aber nie für immer und stets so, dass du jederzeit entweichen kannst. Deine Bestimmung ist, Menschen miteinander zu verbinden, ein Netz von Beziehungen zu erstellen. Unter Menschen fühlst du dich zu Hause.«

Mond-Check

Wie weiblich macht dieser Mond? Zwillinge ist ein männliches Zeichen und prägt entsprechend.

Wie mütterlich macht dieser Mond? Es ist absolut kein »Muttertyp« zu erwarten.

Wie gefühlvoll macht dieser Mond? Der Zugang zu tiefen Gefühlen fällt recht schwer.

Wie intuitiv macht dieser Mond? Menschen mit dieser Konstellation reagieren oft sehr intuitiv.

Was braucht man mit diesem Mond? Menschen um sich, Unterhaltung, Ansprache, Freunde.

Für den Mann: Wie lautet das Suchbild »(Mond-)Frau«? Sie soll kommunikativ, gebildet, unterhaltsam und freiheitsliebend sein.

Der Mond im Zeichen Krebs – Gefühlvoll

Mondstärken Für andere da sein, Erlebnistiefe, seelische Beeindruckbarkeit, ausgeprägtes Traumleben, starke unbewusste Kräfte, mütterlich und häuslich sein, starkes Innenleben, große Einfühlungsgabe, telepathische Fähigkeiten
Mondschwächen Täuschungen, unverstanden sein, Launenhaftigkeit, Mutterprobleme

Die Botschaft des Mondes lautet: »Du bist mir besonders nah. Fest sind wir miteinander verbunden. Daher veränderst du dich mit meinem Wandel: Werde ich schmäler, willst auch du dich verausgaben. Bin ich ganz verschwunden, ziehst du dich ebenfalls zurück. Umgekehrt ist es dir danach, dich zu zeigen, fröhlich und extravertiert zu sein, wenn ich wieder größer werde. Dir öffne ich auch – mehr als jedem anderen – ein Fenster, damit du hinüberschauen kannst in die Welt der Wunder.«

Mond-Check
Wie weiblich macht dieser Mond? Extrem weiblich.
Wie mütterlich macht dieser Mond? Eigene Kinder und eine Familie, für die man sorgen kann, gehören zu dieser Konstellation.
Wie gefühlvoll macht dieser Mond? Es entwickelt sich ein starkes Gefühlsleben.
Wie intuitiv macht dieser Mond? Träume und Intuition haben große Tiefe.
Was braucht man mit diesem Mond? Eine Familie, Kinder, immer wieder Zeit für sich.
Für den Mann: Wie lautet das Suchbild »(Mond-)Frau«? Sie soll die Mutter »seiner« Kinder werden, häuslich, liebevoll und fürsorglich sein.

Eine besondere Konstellation

Sie sind in der Neumondphase (zwei Tage vor bis zwei Tage nach Neumond) geboren. Sie sind damit ein besonderer Mensch. Denn in Ihnen ist eine große Sehnsucht nach inniger Nähe zu geliebten Menschen, die Sie in einer erfüllten Partnerschaft zu verwirklichen versuchen.

Der Mond im Zeichen Löwe – Stolz

Mondstärken Darstellungskunst, Selbstvertrauen, Kreativität, Gerechtigkeitsempfinden, Unternehmungsgeist, schauspielerische Talente
Mondschwächen Theatralik, Übertreibung, Trägheit, Faulheit, Narzissmus

Die Botschaft des Mondes lautet: »Du hast einen besonders starken Mond, einen, der ständig in seiner vollen Größe zu sein scheint. Das führt dazu, dass du ein ausdrucksstarker, emotionaler Mensch bist. In dir entspringt eine Quelle ununterbrochener Kreativität und Inspiration, das äußert sich als starkes Phantasie- und Traumleben. Du musst Möglichkeiten finden, dein inneres Erleben nach außen zu transponieren. Du verkümmerst, wenn du dein Mondgeschenk nicht lebst.«

Mond-Check
Wie weiblich macht dieser Mond? Löwemond-Menschen sind feurig und stark.
Wie mütterlich macht dieser Mond? Sie übernehmen gern die Mutterrolle, um andere zu verwöhnen.
Wie gefühlvoll macht dieser Mond? Sie haben spontane, feurige Gefühle, verlieren sie aber auch schnell wieder.
Wie intuitiv macht dieser Mond? Licht und Wärme nähren ihre Intuition und führen zu großer Kreativität und Schöpferkraft.
Was braucht man mit diesem Mond? Feuer, Wärme, Sonne, aber

auch Bestätigung und Achtung: Daraus besteht dieses Lebenselixier.

Für den Mann: Wie lautet das Suchbild »(Mond-)Frau«? Eine starke Frau soll es sein, der man gern auch die Regie über Haus und Familie anvertraut.

Der Mond im Zeichen Jungfrau – Vorsichtig

Mondstärken Vorhersehen können, Organisations- und Konzentrationsfähigkeit, Ordnungsliebe, Gespür für gesundheitliche Belange, bewusste Ernährung, Zugang zu geheimem Wissen

Mondschwächen Abhängigkeit von Zuwendung

Die Botschaft des Mondes lautet: »Das Leben ist keine Autobahn, auf der es immer geradeaus geht. Ein Weg voller Überraschungen erwartet dich. Daher ist es wichtig, dass du stets hellwach bist, um zu wissen, was kommt. Ich, dein Mond, habe dich deshalb auch mit der Gabe der Vorausschau ausgestattet, damit du nie im Dunkeln tappst. Aber du bist auch ein Erdzeichen, ein Kind unseres Planeten. Dies bedeutet, dass du mit der Zeit seinen gesetzmäßigen Lauf immer besser erkennst. Es hilft dir, dein Leben zu beruhigen. Lerne daher von der Erde und dem Wechsel der Jahreszeiten.«

Mond-Check

Wie weiblich macht dieser Mond? Er macht eher mädchenhaft als weiblich (und eher burschikos als männlich).

Wie mütterlich macht dieser Mond? Frauen mit dieser Mondstellung sind keine »schlechten Mütter«, fühlen sich aber oft zu etwas anderem berufen.

Wie gefühlvoll macht dieser Mond? Empfindungen gegenüber macht er eher misstrauisch.

Wie intuitiv macht dieser Mond? Die Erde offenbart ihr Wissen, so dass die Betreffenden es zum Beispiel auch für heilendes Wirken anwenden können.

Was braucht man mit diesem Mond? Kontakt mit Mutter Erde, Sicherheit, einen Lebensplan.
Für den Mann: Wie lautet das Suchbild »(Mond-)Frau«? Sie soll klug und praktisch sein, ihr Gefühlsleben unter Kontrolle haben, und sie darf sich nicht in Abhängigkeiten verstricken.

Der Mond im Zeichen Waage – Ausgewogen

Mondstärken Andere spüren können, gern unter Leuten sein, Kontaktfreude, Sinn für Ästhetik, Kunst, Schönheit, verbindend und ausgleichend sein, Gerechtigkeitsliebe
Mondschwächen Entscheidungsunfähigkeit, Antriebsarmut, Überempfindlichkeit, Abhängigkeit

Die Botschaft des Mondes lautet: »Du hast eine Art Wünschelrute, mit deren Hilfe du jedes Ungleichgewicht erspüren kannst. Lebt jemand in Disharmonie oder herrscht eine Unstimmigkeit zwischen Menschen, schlägt dein magisches Instrument augenblicklich aus. Am schnellsten reagierst du auf eigene Störungen, weswegen es für dich sehr wichtig ist, in Harmonie und Frieden zu leben und dein Umfeld entsprechend auszuwählen. Andere suchen dich auf, weil du sie nicht nur bestens verstehst, sondern auch dazu beiträgst, für Versöhnung und Eintracht in ihrem Leben zu sorgen.«

Mond-Check
Wie weiblich macht dieser Mond? Er macht zärtlich, einfühlsam und auch weiblich, aber nicht im Übermaß.
Wie mütterlich macht dieser Mond? Menschen mit dem Mond im Zeichen Waage können sich Kindern gegenüber schlecht durchsetzen.
Wie gefühlvoll macht dieser Mond? Stimmungen lieben sie, starke Emotionen aber bereiten Probleme.
Wie intuitiv macht dieser Mond? Man ist sehr sensibel und ungeheuer phantasievoll.

Was braucht man mit diesem Mond? Eine harmonische Umgebung und ausgeglichene Beziehungen.
Für den Mann: Wie lautet das Suchbild »(Mond-)Frau«? Sie muss feinsinnig, geschmackvoll, sehr einfühlsam und liebesfähig sein.

Der Mond im Zeichen Skorpion – Tiefgründig

Mondstärken Hinterfragen, aufdecken, im Krisenfall Stärke zeigen, okkulte Fähigkeiten, suggestive Ausstrahlung, großer Familiensinn
Mondschwächen Nicht loskommen von der Mutter, Despotismus, krankhafte Eifersucht, Misstrauen

Die Botschaft des Mondes lautet: »Da das Wesentliche, Eigentliche und Wahre in aller Regel nicht offensichtlich wird, ist es deine Bestimmung, dich bis ins Innerste der Menschen hineinzuspüren. Deinem Röntgenblick bleibt nichts verborgen. Jeden unterziehst du einer Prüfung, und nur wenn er sie besteht, lässt du dich auf eine Beziehung ein. Letztlich suchst du so ein Gegenüber, das dich ergänzt – dein Du –, um mit ihm eine Familie zu gründen. In deinen Kindern lebst du weiter. Sie geben dir Zukunft, auch wenn es dich nicht mehr gibt.«

Mond-Check

Wie weiblich macht dieser Mond? Menschen mit einem Skorpionmond verfügen über große weibliche Kräfte.
Wie mütterlich macht dieser Mond? Gute Mütter sind das – auch die Männer …!
Wie gefühlvoll macht dieser Mond? Man empfindet tiefe Gefühle und große Leidenschaft.
Wie intuitiv macht dieser Mond? Die Betreffenden sind visionär und haben magische Fähigkeiten.
Was braucht man mit diesem Mond? Vertrauen und Sicherheit.
Für den Mann: Wie lautet das Suchbild »(Mond-)Frau«? Sie muss

stark und bereit sein für ein ehernes Bündnis und gemeinsame Kinder.

Der Mond im Zeichen Schütze – Sinnstiftend
Mondstärken Optimistisch, motivierend, begeisternd, vielseitig, schriftstellerische Talente, sportliche Fähigkeiten, gut im Ausland leben können
Mondschwächen Blauäugigkeit, Naivität, Phantasterei

Die Botschaft des Mondes lautet: »Du bist auf die Welt gekommen, um der Dunkelheit ein Ende zu bereiten, dem Guten und Gesunden zum Sieg über das Böse und Kranke zu verhelfen. Verstehen, einen Sinn verleihen, verzeihen – so lauten deine Waffen, mit denen du ins Feld ziehst und siegreich zurückkommst. Du bist wie eine heilige Schale, welche alle Waffen stumpf macht, die in sie gelegt werden. Schlimmes wird erlöst. Wunden können heilen. Friede kehrt ein.«

Mond-Check
Wie weiblich macht dieser Mond? Auch als Frau stehen diese Menschen leicht ihren Mann.
Wie mütterlich macht dieser Mond? Zu viel Mütterlichkeit ist ihnen suspekt.
Wie gefühlvoll macht dieser Mond? Sie sind feurig, ekstatisch, aber nicht gerade gefühlvoll.
Wie intuitiv macht dieser Mond? Man verfügt über große Intuition und Seelenstärke.
Was braucht man mit diesem Mond? Eine Aufgabe, die etwas Sinnvolles zum Ziel hat.
Für den Mann: Wie lautet das Suchbild »(Mond-)Frau«? Sie muss selbständig, aktiv, sportlich sein. Man muss sich mit ihr auch geistig austauschen können.

Der Mond im Zeichen Steinbock – Überpersönlich

Mondstärken Klares Gefühlsleben, Selbstbeherrschung und Pflichtbewusstsein, Streben nach Objektivität und Durchsichtigkeit, Ernsthaftigkeit, Liebe zum Beruf
Mondschwächen Sich selbst zu negativ sehen, abhängig sein von beruflichem Erfolg, Gefühlskontrolle

Die Botschaft des Mondes lautet: »Du bist mit der Gabe gesegnet, das Allgemeine und Wesentliche auch im Einzelnen und Persönlichen zu erkennen. Das macht dich zu einer Person, die den Menschen in ihrer Gesamtheit verpflichtet ist. Dafür tritt das Persönliche und Individuelle bei dir zurück. Es wird unbedeutend. Du bist Wächter und Bewahrer des Seelischen, Stimmigen und Wahren.«

Mond-Check

Wie weiblich macht dieser Mond? Menschen mit dieser Mondposition sind sehr weiblich, ohne es immer nach außen hin deutlich zu zeigen.
Wie mütterlich macht dieser Mond? Auch ihre Mütterlichkeit ist ausgeprägt, aber nicht unbedingt für eigene Kinder.
Wie gefühlvoll macht dieser Mond? Sie unterscheiden echte und wahre Gefühle von Emotionen, die vorgetäuscht werden.
Wie intuitiv macht dieser Mond? Die Betreffenden haben die Fähigkeit, Visionen zu entwickeln.
Was braucht man mit diesem Mond? Eine Aufgabe für die Allgemeinheit.
Für den Mann: Wie lautet das Suchbild »(Mond-)Frau«? Sie soll eine gewisse Persönlichkeit ausstrahlen, stark und selbständig sein.

Eine besondere Konstellation

Sie sind in der Vollmondphase (zwei Tage vor bis zwei Tage nach dem Vollmond) geboren und damit ein besonderer Mensch. Denn Sie tragen in sich die lebendige Spannung zwischen Mann und Frau am deutlichsten. Das führt zu einem reichen und faszinierenden Beziehungsleben. Es kann aber auch große Konflikte für Partnerschaft und Liebe bringen.

Der Mond im Zeichen Wassermann – Schöpferisch

Mondstärken Sozial, human, freundlich, aufgeschlossen, ungebunden, Veränderungsliebe, Reisefreude, Erfindungsgabe, Intuitionskraft, Reformwillen
Mondschwächen Zwanghaft antiautoritäres Denken und Handeln, Verwirrtheit

Die Botschaft des Mondes lautet: »Du bist mit einer schöpferischen Quelle verbunden, in der ununterbrochen Neues geboren, Altes verwandelt und neu gestaltet wird. Das Unvorhersehbare, Neue und Fremde ist deine Heimat. Das führt manchmal dazu, dass du dir selbst in deinem Inneren fremd vorkommst, voller Widersprüche steckst und nicht mehr recht weißt, wer du bist und woher du kommst. Solche Phasen dienen aber der Vorbereitung eines neuen schöpferischen Schubs. Du darfst dich davon nicht verwirren lassen.«

Mond-Check

Wie weiblich macht dieser Mond? Männlich oder weiblich? Beide Seiten sind Menschen mit dieser Konstellation vertraut.
Wie mütterlich macht dieser Mond? Sie sind der beste Gefährte und Freund aller Kinder, aber nicht der klassische Muttertyp.
Wie gefühlvoll macht dieser Mond? Stimmungen sind wunderbar. Emotionen gegenüber sind die Betreffenden misstrauisch.

Wie intuitiv macht dieser Mond? Sie haben häufig Offenbarungsträume, in denen sie Hinweise für ihren Lebensweg erhalten.
Was braucht man mit diesem Mond? Anregungen, Veränderungen und die Möglichkeit, sich schöpferisch betätigen zu können.
Für den Mann: Wie lautet das Suchbild »(Mond-)Frau«? »Etwas Besonderes« soll sie sein – frei, unabhängig – und sich von anderen Frauen unterscheiden.

Der Mond im Zeichen Fische – Geheimnisvoll

Mondstärken Medialität, heilerische Qualitäten, Kraft durch Glauben, Sensibilität, Liebe für andere, Liebe zur Schöpfung, verlässliches instinkthaftes Gespür
Mondschwächen Wirre Phantasievorstellungen, Unsicherheit, Bindungslosigkeit

Die Botschaft des Mondes lautet: »Du bist wie der Mond, der sich am Vormittag noch am blauen Himmel zeigt, bis er mit ihm auf rätselhafte Weise verschmilzt – schillernd, beinah durchsichtig und im Inneren zerbrechlich und fein. Du bist dem Gefäß, in dem die Seele wohnt, sehr nah und weißt, dass man sie nicht fassen kann. Sie zeigt sich nur denen, die ohne Absicht sind, Kindern und Heiligen. Du bist voller Liebe für alles, was unvollkommen ist, kannst heilen und versöhnen.«

Mond-Check
Wie weiblich macht dieser Mond? Äußerst weiblich.
Wie mütterlich macht dieser Mond? Menschen mit einem Fischemond fühlen sich als Mutter der gesamten Schöpfung.
Wie gefühlvoll macht dieser Mond? Sie sind unglaublich gefühlvoll.
Wie intuitiv macht dieser Mond? Mehr an Intuition weist keine der anderen Mondstellungen auf.
Was braucht man mit diesem Mond? Stille, Einkehr, Liebe und Verständnis für die geheimnisvollen Seiten des Seins.

Für den Mann: Wie lautet das Suchbild »(Mond-)Frau«? Sie soll liebevoll, geheimnisvoll, fast engelhaft sein.

Merkur – Schlau, beredt, kommunikativ und göttlich beraten

Die Bedeutung Merkurs

Der römische Gott Merkur entspricht ganz dem Hermes der griechischen Mythologie. Er war ein ausgesprochen schillernder Gott, versehen mit zahlreichen Eigenschaften und Funktionen. Respekt und Bewunderung erwarb er sich durch Klugheit und Raffinesse. So stahl er, gerade erst als Sohn des Jupiter bzw. Zeus und der Nymphe Maia geboren, dem Gott Apoll eine Rinderherde. Von diesem zur Rede gestellt, spielte er auf einem mit Fell und Saiten versehenen Schildkrötenpanzer derart gekonnt auf, dass Apolls Zorn verflog und er ihm die Rinder im Tausch gegen das Musikinstrument überließ. Ganz nebenbei hatte Merkur auf diese Weise die Lyra erfunden, jenes zauberhafte Instrument, mit dem später Orpheus Menschen wie Götter verzauberte.

Gott Merkur war also klug und listig, und genau diese Fähigkeit verleiht er auch dem Menschen. Er macht beredt, erfinderisch und verhilft einem auch mal zu einer guten Ausrede. Wegen seiner listigen Eigenschaften wurde er zum Gott der Kaufleute, Diebe und Bänkelsänger. Seine Fröhlichkeit machte ihn zum Schutzpatron all derjenigen, die auf heiteren Wegen wandeln. Und sein Diebstahl der Kühe ließ ihn selbstredend zum Gedeihen der Viehherden beitragen. Infolge seiner Lust am Reden und seines Talents, sich allemal in ein günstiges Licht zu setzen, wurde er der göttliche Freund all derer, die viel sprechen, schreiben und auf der Bühne stehen: Dichter, Sänger, Schauspieler, Politiker, Talkmaster, Ansager, Komiker, Artisten oder Musiker. Wie wir denken, reden, kommunizieren, uns darstellen und uns verkaufen, das alles verrät die Position Merkurs in unserem Horoskop. Er verkörpert unsere unbeschwerte Seite und den leichtesten Weg, den man gehen kann.

Aber Merkur hat noch mehr auf Lager: Bei den Griechen galt er als Diener Jupiters und als Götterbote, der zwischen dem Olymp, dem Wohnort der Unsterblichen, und den Menschen drunten auf der Erde vermittelte. Und er begleitete auch die Seelen der Verstorbenen in die Unterwelt. Er besaß geflügelte Sandalen und einen geflügelten Hut, damit er rasch hin und her eilen konnte. Ein weiteres Attribut war sein goldener Heroldsstab, das Kerykeion, ein Zauberstab.

Hermes überbrachte also den Willen seines Vaters Zeus. So führte er zum Beispiel in dessen Auftrag Hera, Athene und Aphrodite zum Idagebirge, wo Paris den goldenen Apfel der – seiner Wahl nach – schönsten der Frauen überreichen sollte. Seine Entscheidung für Aphrodite, die ihm dafür Helena versprochen hatte, löste später bekanntlich den Trojanischen Krieg aus.

Tatsächlich fungiert Merkur auch in der Astrologie als eine Art Empfangs- und Sendestation. Wo er sich in unserem Horoskop befindet, sind uns die Götter besonders nah und übermitteln uns ihre Botschaften und Nachrichten. Umgekehrt können wir dort die Götter am ehesten erreichen.

Merkur ist der sonnennächste Planet. Er zieht seine Kreise um unser Zentralgestirn so eng, dass er sich nie mehr als maximal ein Zeichen von der Sonne entfernen kann. Das führt auch dazu, dass in vielen Horoskopen Merkur die gleiche Tierkreiszeichenposition einnimmt wie die Sonne.

☿ Das astrologische Symbol besteht aus einer Schale, einem Kreis und dem Kreuz. Die Schale symbolisiert seelische Empfänglichkeit. Der Kreis steht für die Dimension des Geistes, das Kreuz für Materie. Das Symbol in seiner Gesamtheit signalisiert, dass Seele und Geist über der Materie stehen und sie dominieren.

Auf den folgenden Seiten finden sich die wichtigsten Eigenschaften der Merkurposition von Krebsgeborenen. Bei der konkreten

Anwendung ist auch hier zu berücksichtigen, dass die Konstellation durch Verbindungen mit verschiedenen weiteren Gestirnen immer eine andere Färbung bekommen und im Einzelfall auch einmal stark von den genannten Deutungen abweichen kann.
Die exakte Merkurposition lässt sich wieder über die Homepage des Autors herunterladen (www.bauer-astro.de).

Der Krebs und seine Merkurzeichen

Merkur im Zeichen Zwillinge – Vielseitiges Denken
Merkurstärken Flinkes, übersichtliches, vielseitiges Denken
Merkurschwächen Flüchtigkeit, unkonzentriert und oberflächlich sein

Die Botschaft Merkurs lautet: »Mit diesem Merkur im Zeichen Zwillinge bist du besonders ›fit‹. Das beruht darauf, dass ich das Sternzeichen Zwillinge regiere, dort also zu Hause bin und mich entsprechend gut entfalten kann. Die Folge für dich ist ein kolossal vielseitiges und vielschichtiges Denken. Du bist grundsätzlich allem gegenüber aufgeschlossen und interessiert und lässt dich von guten Argumenten jederzeit überzeugen. Du denkst logisch. Das heißt, dass du – vielleicht ohne es überhaupt selbst zu bemerken – ständig abwägst, vergleichst und Schlüsse ziehst. Mitunter steht dein Kopf wie unter Strom. Du brauchst daher eine Möglichkeit, abzuschalten. Das gelingt dir am besten, wenn du dir einen unkomplizierten Film anschaust oder in einem Magazin blätterst. Allerdings ist dabei dein Kopf immer noch aktiv. Du solltest daher lernen, dich ›leer zu machen‹, was dir (mit viel Geduld und Zeit) am ehesten mit Hilfe von Meditation oder Yoga gelingt.
Deine große Stärke ist es, auf andere Menschen zuzugehen und mit ihnen ein Gespräch zu beginnen. Ähnlich einem Entertainer kannst du ganze Partys unterhalten. Aber auch im Beruf hast du mit mir, dem Merkur im Zeichen Zwillinge, ein großes Plus.
Pass auf, dass du andere nicht mundtot machst. Du denkst und

redest so schnell, dass kaum jemand mithalten kann. Werde in geselligen Situationen ruhiger und höre anderen mehr zu! So umgehst du die Schwächen deiner Merkurstellung und stärkst die positive Seite.«

Merkur-Check
Ist man mit diesem Merkur kontaktfähig? Auf andere Menschen zuzugehen macht Spaß und fällt leicht.
Was bringt einen »den Göttern« näher? Sich zu unterhalten, etwas herauszufinden, seine Neugierde zu befriedigen.

Merkur im Zeichen Krebs – Gefühlvolles Denken
  Merkurstärken Gefühlvolles, tiefes, ganzheitliches Denken
  Merkurschwächen Subjektiv sein

Die Botschaft Merkurs lautet: »Du ›denkst mit dem Bauch‹, deine Gefühle mischen sich unter dein Denken und färben es subjektiv. Zu welchen Schlüssen du kommst und welche Ideen du hast, hängt davon ab, wie es dir gerade geht, was du erlebst, wie du dich fühlst. Erwartungsgemäß weckst du damit bei anderen Menschen (meistens Männern) Kritik und Ablehnung. Man hält dir vor, nicht geradlinig, logisch, abstrakt oder neutral zu denken. Aber aus einer übergeordneten und ganzheitlichen Sicht ist deine Art völlig in Ordnung. Eine Welt nur aus logisch oder empirisch denkenden Menschen wäre unsinnig und überaus langweilig und eintönig.
Auch die Wissenschaft beschäftigt sich heutzutage mit dem emotionalen Denken und stellt den davon abgeleiteten Fachbegriff ›EQ‹ (›emotionaler Quotient‹) gleichwertig neben den schon viel länger bekannten ›IQ‹ (›Intelligenzquotient‹). Emotionales Denken ist insofern wichtig, als es mit instinktivem Wissen einhergeht. Du verfügst über einen Zugang zu Erfahrungen und Erinnerungen, die sich im Laufe der Entwicklung der Menschheit angesammelt haben. Das lässt dich weise, zuweilen sogar allwissend sein. Steh daher ruhig zu dir und deiner Art, zu denken. Sie

ist wichtig und ergänzt sich mit den anderen Denkstrukturen. Dabei solltest du allerdings Offenheit zeigen und deinen Mitmenschen gegenüber nicht auf deinem Denkstil als dem einzig wahrhaftigen beharren.
Auch dein Sozialverhalten wird stark von deinen Gefühlen bestimmt. Geht es dir gut, kennest du keinerlei Probleme, auf andere zuzugehen. Bist du in schlechter Verfassung, willst du niemanden sehen.«

Merkur-Check
Ist man mit diesem Merkur kontaktfähig? Menschen gegenüber, die man nicht gut kennt, ist man eher zurückhaltend.
Was bringt einen »den Göttern« näher? Bei sich zu sein, sich ausdrücken zu können, von anderen verstanden zu werden.

Merkur im Zeichen Löwe – Kreatives Denken
Merkurstärken Inspirationen, Ideen und kreative Einfälle haben
Merkurschwächen Unsensibel und überheblich sein

Die Botschaft Merkurs lautet: »Dein Denken ist nicht logisch und auch nicht unbedingt von Erfahrungen getragen. Ich, Merkur im Zeichen Löwe, verhelfe dir zu Ideen und Inspirationen, die dir aus der Luft, dem Nichts zuzufallen scheinen. Wenn du beginnst, deine Argumente zu begründen, gerätst du in Schwierigkeiten. Und eigentlich gibt es bei Eingebungen auch nichts zu beweisen. Es ist eine eigene, in sich stimmige Art, die Welt zu erfahren und zu verarbeiten. Aber es ist nicht die einzige: Andere Merkurpositionen bewirken eine andere Art, zu denken. Ein wahrhaftiges, universelles Bild ergibt sich erst unter Berücksichtigung aller Möglichkeiten, jede für sich spiegelt immer nur einen Teilaspekt wider.
Ich, der Löwemerkur, verhelfe dir auch zu einem selbstbewussten Auftreten. Du bist dermaßen von dir überzeugt, dass es dir gar nicht in den Sinn kommt, anderen eine gleichwertige Position

zuzugestehen. Wenn es darum geht, sich durchzusetzen, einen guten Eindruck zu hinterlassen, anderen voraus und überlegen zu sein, ist deine Art goldrichtig. Aber wenn man zusammenkommt und sich unterhalten möchte, bist du (automatisch) ebenso forsch. Das führt häufig dazu, dass sich andere schnell ›überfahren‹ fühlen, still werden, sich zurückziehen oder mit dir einen Streit beginnen. In dieser Beziehung musst du noch dazulernen, dich um mehr Toleranz und weniger Ichbezogenheit bemühen.«

Merkur-Check
Ist man mit diesem Merkur kontaktfähig? Man wirkt selbstsicher und kommt gut bei anderen an.
Was bringt einen »den Göttern« näher? Keine Verpflichtung zu haben, tun und lassen zu können, was einem gefällt, zu lieben und geliebt zu werden.

Venus – Die Liebe

Die Bedeutung der Venus
Kurz nach Sonnenuntergang – der Westen badet sich noch in goldenem Rot, im Osten kündet stahlblauer Himmel die Nacht an – kann man sie sehen, die Venus. Sie ist so hell, dass man sie manchmal mit den Lichtern eines Flugzeugs verwechselt. Und in Gegenden, die nicht künstlich erleuchtet sind, überkommt den Betrachter bei ihrem Anblick das Gefühl einer außerirdischen Begegnung. Der Tag geht zur Ruhe, Venus läutet den Feierabend ein, jene Zeit, die weder der Arbeit noch dem Schlaf gehört, sondern der Muße – und der Liebe.
Aber Venus verzaubert nicht nur den Abend, sondern auch den Morgen. Denn die Hälfte des Jahres läuft sie, wie wir es von der Erde aus sehen, der Sonne nach, und sie steht dann als Venus des Abends nach Sonnenuntergang noch einige Zeit am Abendhim-

mel. Die andere Hälfte jedoch läuft sie der Sonne voraus und steigt als Venus des Morgens vor der Sonne über den östlichen Horizont als strahlende Botin des neuen Tages.

Venus oder ihr griechisches Pendant Aphrodite trug den Beinamen »Schaumgeborene« (griechisch *aphrós* = »Schaum«). Einem Mythos zufolge hat Kronos (Saturn[us]), der Vater des Zeus, seinen Vater Uranos mit der Sichel entmannt und das Zeugungsglied bei Zypern ins Meer geworfen. Aus dem Schaum, der sich dabei bildete, ist die Göttin der Schönheit entstanden.

Sie galt als die fruchtbare Patronin des blühenden Frühlings und der überströmenden Frühlingslust. Sie war die Beschützerin der Gärten, Blumen und Lusthaine. Ihre Lieblingsgewächse waren Myrten, Rosen und Lilien, ihre Frucht war der Apfel, ihre bevorzugten Tiere waren Widder, Böcke, Hasen, Tauben und die bunten Schmetterlinge. Vor allem aber war Venus/Aphrodite eine Frau, deren unvergleichliche Schönheit die Männer betörte. Man fand schier kein Ende, all ihre Reize aufzuzählen: göttlicher Wuchs, strahlende Augen, verlockender Blick, rosenknospiger Mund, zierliche Ohren, reizender Busen und dergleichen mehr.

Im Vergleich zu ihr sah ihr hässlicher, hinkender Ehemann Hephaistos, der Gott des Erdfeuers und Schutzgott der Schmiede, ziemlich alt aus, wie man heute sagen würde. Jeder fragte sich, wie diese Schönheit einem so grobschlächtigen Mann zugetan sein konnte, auch Venus selbst: Sie nutzte denn auch jede Gelegenheit zu einem Seitensprung. Der bekannteste und folgenreichste war wohl jener mit Mars, dem Amor entstammte, der spitzbübische Junge mit den heimtückischen Liebespfeilen.

Die schöne Venus bekam ein würdiges Denkmal am Himmel: Das hellste Gestirn wurde nach ihr benannt. Je nach Position kündet Venus als »Abendstern« den Feierabend, vor Sonnenaufgang die nahende Morgenröte an.

»Venus« ist ein anderes Wort für »Liebe, Lust, Zärtlichkeit, Leidenschaft, Zweisamkeit, Anziehung, Nähe, Knistern, Flirten, Sehnsucht, Verschmelzung, Sinnlichkeit« und so fort. Aber jede Venusposition in den Tierkreiszeichen gibt all diesen Facetten der

Liebe eine andere Färbung, ein bestimmtes Gewicht, einen spezifischen Glanz.

♀ Das astrologische Symbol besteht aus einem Kreuz und einem Kreis. Letzterer symbolisiert den Geist. Das Kreuz wiederum ist ein Sinnbild für die Materie: Der Kreis steht über dem Kreuz, er lenkt die Materie, führt sie zur Vollendung in der Liebe.

Auf den folgenden Seiten finden sich die bedeutendsten Eigenschaften der Venusposition von Krebsgeborenen. Bei einer konkreten Anwendung ist wieder zu berücksichtigen, dass die Konstellation durch Verbindungen mit verschiedenen weiteren Gestirnen unter Umständen eine andere Färbung bekommt und im Einzelfall möglicherweise stark von den hier genannten Deutungen abweicht.

Auch die exakte Venusposition kann über die Homepage des Autors heruntergeladen werden (www.bauer-astro.de).

Der Krebs und seine Venuszeichen

Venus im Zeichen Stier – Praktische Liebe
Venusstärken Erotisch, gemütlich, natürlich, sympathisch, gesellig, unterhaltend, liebesfähig, treu
Venusschwächen Stur, bequem, äußerlich

Die Botschaft der Venus lautet: »Du bist ein ›Wonneproppen‹ und liebst das Leben mit all seinen Verführungen, seiner Schönheit und den unendlichen Sinnenfreuden. Niemals bekommst du genug davon. Und natürlich bist du beliebt: Weil du pragmatisch handelst und den bekannten Sinnspruch, dass Liebe durch den Magen geht, aufs köstlichste unter Beweis stellst. Weil du Geschmack hast und selbst ein Kellerloch in ein gemütliches Kuschelnest zu verzaubern vermagst. Weil du hingabefähig und treu bist und dennoch auf eigenen Beinen stehst. Allerdings braucht deine

Liebe Zeit. Du bist kein ›Feuer-und-Flamme-Typ‹. Wahnsinnig stur kannst du auch sein: Was du dir einmal in den Kopf gesetzt hast, ziehst du durch. Aber du bist auch bequem und reagierst oft viel zu spät, wenn der Partnersegen einmal schiefhängt.«

Venus-Check
Kann man mit dieser Venus gut allein sein? Nein, man teilt seine Sinnlichkeit lieber mit jemandem.
Braucht man mit dieser Venus Sicherheit? Ja, extrem. Da muss man sogar loslassen lernen.
Besteht diese Venus auf Treue? Keine Frage: Der Partner wird mit niemandem geteilt.
Macht diese Venus eifersüchtig? Ja, und es drohen martialische Eifersuchtsszenen.
Findet man leicht einen Partner? Sicher. Man ist begehrt und hat daher diesbezüglich kaum Probleme.

Venus im Zeichen Zwillinge – Verspielte Liebe
Venusstärken Vielseitig, verspielt, liebenswürdig, starke Leidenschaft, die jedoch beherrscht werden kann, Liebe zur Poesie
Venusschwächen Unruhig, gespalten, unsicher

Die Botschaft der Venus lautet: »Du bist kindlich, verspielt, unschuldig, naiv, göttlich, raffiniert, charmant, unterhaltend. Mit anderen Worten: Du bist eine einzige Überraschung. Liebe mit dir ist ein Flug auf Wolke sieben, ein Traum: so schön wie im wundervollsten Film. Deine Hände können zaubern, deine Stimme ist wie ein warmer, zärtlicher Wind, deine Worte schmeicheln und entführen in die Welt aus Tausendundeiner Nacht.
Die Liebe ist bestimmt der schönste ›Zeitvertreib‹, den es gibt. Aber du bist nicht abhängig von ihr – und schon gar nicht von einem anderen Menschen. Freiheit und Unabhängigkeit sind dir nämlich beinah noch wichtiger: Du hast deinen Mann (bzw. deine Frau) im Inneren; du musst daher mit niemandem zusam-

menleben und alles teilen. Ganz solo? Schon möglich! Aber hundertprozentig sicher geht es nicht ohne Menschen. Andere entspannen sich vielleicht in den Bergen, in der Badewanne oder im Schlaf. Du hingegen brauchst dein ›Social Life‹: Kontakte, Freunde, Begegnungen, Smalltalk. Was dich lebendig hält, sind die Hoffnung und die Chance, dass jeden Augenblick etwas Neues, Unvorhergesehenes passieren kann, vor allem in puncto Liebe.

Einen Schatten hast du auch, nämlich ein kleines ›Monster‹, das dich verfolgt und dir mitten in der schönsten Liebesgeschichte die Laune verdirbt. Damit musst du – und auch dein Partner – leben.«

Venus-Check
Kann man mit dieser Venus gut allein sein? Man kann es, das kommt aber selten vor.
Braucht man mit dieser Venus Sicherheit? Eher nicht. Man kommt immer irgendwie zurecht.
Besteht diese Venus auf Treue? Nein, zumindest nicht absolut.
Macht diese Venus eifersüchtig? Ja, leider, trotz aller Freiheitssuche.
Findet man leicht einen Partner? Mit dieser Venus? Nichts ist leichter als das!

Venus im Zeichen Krebs – Gefühlvolle Liebe
Venusstärken Zärtlich, hingebungsvoll, phantasievoll, kreativ, treu
Venusschwächen Klammernd, unselbständig, wechselhaft, empfindlich, beeinflussbar

Die Botschaft der Venus lautet: »In guten Zeiten bist du strahlend schön und unwiderstehlich erotisch. Unbekümmert wie ein Kind und gleichzeitig von ironischer Distanziertheit, kannst du über alles lachen, am meisten jedoch über die Liebe, dieses absurde, herrliche, verrückte, uralte und ewig neue Spiel, bei dem die Menschen seit Tausenden von Jahren stets die gleichen Fehler machen. Vielleicht zwei Tage später bist du wie umgewandelt: stumm, scheu, abwesend, in dich gekehrt. Sich den Kopf darüber zu zerbrechen, wie man dich wieder zum Lachen bringen könnte, ist zwecklos. In diesem Gemütszustand willst du allein sein. Du willst leiden!

Bist du eine Person mit vielen Gesichtern? Ein Verwandlungskünstler? Einfach nur launisch? Ja, aber vor allem bist du zu hundert Prozent gefühlsbestimmt. Und Gefühle folgen keiner Uhr, sondern sind unberechenbar wie Wetter, Wind oder die Wellen des Meeres. Sich um mehr emotionale Ausgeglichenheit zu bemühen ist daher vergeblich – und wäre zudem ein falscher Weg.

Steh zu deinen Gefühlen. Sie machen deine Liebe aufregend, romantisch und geheimnisvoll. Sie verwandeln die Liebe mit dir in einen göttlichen Akt. Denn deine Liebeskraft ist stärker als alles. Wen du liebst, wird wie von magischen Fäden angezogen und kann sich irgendwann nicht mehr von dir lösen. Ja, deine Liebe ist auch klammernd und verschlingend. Aber für einen Platz neben dir sollte man auch alles andere aufzugeben bereit sein.«

Venus-Check
Kann man mit dieser Venus gut allein sein? Nein, zum Alleinsein ist man nicht geboren.
Braucht man mit dieser Venus Sicherheit? Ja, eher zu viel sogar.
Besteht diese Venus auf Treue? Keine Frage, man gibt alles und will alles.
Macht diese Venus eifersüchtig? Natürlich – und wie!
Findet man leicht einen Partner? Jeder träumt von einem Partner mit solch einer Venus.

Venus im Zeichen Löwe – Lustvolle Liebe
Venusstärken Warmherzig, verspielt, stark, leidenschaftlich, feurig, großherzig, treu, stolz, selbstbewusst

Venusschwächen Arrogant, überheblich, verschwenderisch, prahlerisch

Die Botschaft der Venus lautet: »Zurückhaltung? Bescheidenheit? Schamgefühl? So etwas kommt in deinem Repertoire nicht vor. Zumindest dann nicht, wenn es um eine Person geht, die du haben willst (oder die dir schon gehört). Dann wirst du aktiv. Kein Wunder, dass alle den Atem anhalten, wenn du auftrittst. In dir steckt ein Lustobjekt, das gesehen, bewundert, betastet – und verschönert, verziert, gekrönt werden möchte. Liebe geht bei dir durch das Auge und kann nur mit Gold und Diamanten aufgewogen werden. Das soll nicht heißen, dass du jemanden nur des Geldes wegen liebst. Käuflich bist du nicht. Du schaust immer zuerst aufs Herz. Aber irgendein Schutzengel bringt dich just mit solchen Menschen zusammen, die dann in kürzester Zeit zu Geld gelangen. Sieht alles aus, als wärst du irre anspruchsvoll. Stimmt! Aber du bist auch eine Menge wert.

Wo so viel Licht ist, muss es doch auch Schatten geben: In dir steckt (weiblich) eine Diva bzw. (männlich) ein Pascha. Du willst verwöhnt, verhätschelt, umworben, auf Händen getragen werden. Das ist anstrengend und kann zu Abhängigkeit führen. Kommt es zur Trennung, leidest du wie ein Tier. Dein Stolz verbietet dir, deinen Kummer zu zeigen. Das ist dumm und ungesund und verschlimmert nur das Desaster.«

Venus-Check
Kann man mit dieser Venus gut allein sein? Wenn es sein muss. Aber schöner ist es zu zweit.
Braucht man mit dieser Venus Sicherheit? Nein, eher Anerkennung.
Besteht diese Venus auf Treue? Natürlich, schließlich ist man die oder der Größte.
Macht diese Venus eifersüchtig? Sicher, aber man gibt es nicht zu.
Findet man leicht einen Partner? Man wird gefunden.

Venus im Zeichen Jungfrau – Reine Liebe
Venusstärken Aufmerksam, unschuldig, rein, geistreich, mitfühlend, künstlerische Neigung
Venusschwächen Kühl, distanziert, unaufrichtig

Die Botschaft der Venus lautet: »Zum Sex hast du ein recht gespaltenes Verhältnis. Einerseits möchtest du ihn, bist sogar süchtig danach, träumst von einer Liebe und einem Orgasmus, der den Himmel zittern lässt. Andererseits verurteilst du Sex als dumm, tierisch, primitiv, unter deiner Würde. Vor allem aber hat er – so deine Meinung – rein gar nichts mit vollkommener Liebe zu tun. Was jetzt? Ein bisschen schizophren? Mitnichten! Du betrachtest Sex lediglich aus sämtlichen Perspektiven. Und irgendwann kapierst du, dass er nichts anderes ist als reinste Energie. Dann könntest du auch mit jedem Sex haben – oder mit gar keinem. Dann bist du ebenso bereit, Sex zu sublimieren und in ein kosmisches Erlebnis zu transformieren.

Ehe du zum Heiligen oder zur Heiligen wirst, musst du alles ausprobieren, was es gibt. Aber nicht vergessen: Sex ist nur eine Vorstufe, ein Übergang zu höherer Bestimmung und Erfüllung. Bleib auf dem Laufenden!«

Venus-Check
Kann man mit dieser Venus gut allein sein? Wenn es sein muss, ja. Aber schön ist es nicht.
Braucht man mit dieser Venus Sicherheit? O ja, ohne Liebe ist man ziemlich verloren.
Besteht diese Venus auf Treue? Natürlich, aber man hält sich nicht daran.
Macht diese Venus eifersüchtig? Ja, man leidet Qualen.
Findet man leicht einen Partner? Man hat sich schon oft die Finger verbrannt und ist überdies schüchtern.

Mars – Potent, sexy und dynamisch

Die Bedeutung des Mars

Rötlich funkelnd wie Feuer oder Blut, so präsentiert sich nur ein Gestirn am nächtlichen Himmel: der Planet Mars. Abhängig von seiner Nähe zur Erde verändert sich obendrein die Intensität. Menschen früherer Zeiten erschauerten daher, wenn sein Rot zunahm. Sie sprachen von einem zornigen Auge am Himmel und betrachteten es als böses Omen.

In klassischer Zeit galt Mars als Herr und Beschützer der Kriege. Hinter Mars stecken allerdings nicht nur bedrohliche Eigenschaften: So schickt er zum Beispiel zündende Ideen, verleiht Startkraft und schenkt Courage. Mars sorgt für den richtigen Biss, um sich behaupten und Rivalen aus dem Weg schlagen zu können. Er verleiht die für das Konkurrenzgerangel unerlässlichen »spitzen Ellbogen« und programmiert auf Sieg. Er verkörpert das Urmännliche, den heldenhaften, schönen Jüngling genauso wie einen sexbesessenen Macho. Mars steht auch einfach für Libido und Potenz. In ganz besonderer Weise verrät die Marsposition die Art und Weise des Eroberungsspiels: Ob man direkt auf jemanden zugeht, abwartet oder gar zum Rückzug bläst, es ist Mars, der die Fäden in der Hand hält.

Mars ist ein absolut männlicher Planet, vielleicht der männlichste überhaupt. Frauen besitzen zwar genau wie Männer ihren Mars, aber eher als Potenzial, als Anlagebild, und neigen dazu, ihn nicht selbst auszuleben, sondern ihn zu projizieren. Sie suchen sich Männer, die ihrem Mars entsprechen. Über diesen Umweg hat er dann doch Anteil an ihrem Leben. Frauen, die Berufe ergreifen, welche früher eher als typisch männlich galten (im Management beispielsweise), leben ihren Mars weitgehend selbst. Er ist der regierende Planet des Widders und weist daher viele Wesenszüge dieses Tierkreiszeichens auf.

♂ Das astrologische Symbol besteht aus einem Kreis und einem Pfeil. Ersterer symbolisiert den Geist, Letzterer die

Bewegung. Das Symbol in seiner Gesamtheit steht für einen bewegten und bewegenden Geist.

Auf den folgenden Seiten finden sich die zentralen Eigenschaften der Marsposition in einem Horoskop. Bei einer individuellen Anwendung ist ein weiteres Mal zu berücksichtigen, dass die Konstellation durch Verbindungen mit verschiedenen Gestirnen immer eine andere Nuance bekommen und im Einzelfall auch einmal stark von den hier genannten Interpretationen abweichen kann.

Ihre exakte Marsposition können Sie wieder über die Homepage des Autors herunterladen (www.bauer-astro.de).

Der Krebs und seine Marszeichen

Mars im Zeichen Widder – Impulsiv

Marsstärken Energisch, kühn, mutig, stolz
Marsschwächen Streitsüchtig, egoistisch

Die Botschaft des Mars lautet: »Du verfügst über doppeltes Feuer, bist kämpferisch, mutig und furchtlos. Du machst fast vor nichts halt, bist ein Draufgänger, ein Held und Abenteurer, jemand, der nicht lange fackelt. Du willst nach deiner Fasson leben und sorgst dafür, dass dein Wille geschieht. Allerdings kann es sein, dass du mich (noch) nicht hast zu Wort kommen lassen, dass du dich und andere vor mir schützt, mich vielleicht unterdrückst oder verleugnest. Du hältst dich vielmehr für eine friedliche oder gehemmte Person.

Möglicherweise verspürst du gelegentlich ein inneres Rumoren, es packt dich ein Beben, das in einen völlig unerwarteten Wutausbruch mündet. Wahrscheinlich steigt dir diese eingesperrte Power in den Kopf und macht sich dort schmerzhaft bemerkbar. Sei, wie du bist. Gib nach, verschaff dieser Kraft rechtzeitig Raum – und dir Luft!

Was hilft, ist eine Tätigkeit, die dir möglichst viel Freiheit lässt.

Erleichterung findest du auch über sämtliche aktiven Sportarten. Am wichtigsten aber ist, dass du mit der Zeit mehr und mehr zu mir und damit zu dir stehst, dir mehr zutraust, öfter mal über die Stränge schlägst und dich nicht dafür tadelst, wenn dein ›marsischer‹ Anteil über dich kommt.«

Mars-Check
Wie gut setzt man sich mit diesem Mars durch? Die Voraussetzungen sind exzellent.
Wie aggressiv macht dieser Mars? Sehr, sofern man sich nicht auslebt.
Wie viel Sexpower bekommt man mit ihm? Jede Menge, vorausgesetzt, man unterdrückt sich nicht selbst.

Mars im Zeichen Stier – Beharrlich
Marsstärken Ausdauernd, zäh, sinnlich
Marsschwächen Jähzornig, gierig, stur

Die Botschaft des Mars lautet: »Die Kombination meines Feuers mit der Erde des Stiers verleiht dir die Stärke eines mittleren Erdbebens. Was du anpackst, ziehst du auch durch, denn du hast nicht nur Kraft, sondern bist auch zäh und ausdauernd. Dein Feuer brennt nicht lichterloh, um dann rasch in sich zusammenzufallen. Es gleicht einer beständigen Glut. Darüber hinaus bringt die Begegnung mit mir und dem Stier eine betont sinnliche Komponente in dein Dasein. Als dritte Haupteigenschaft verfügst du über einen enormen Erwerbstrieb: Dein Lebtag lang arbeitest du für Sicherheit, Geld, ein Haus, Luxus oder was auch immer. Du bist dazu geboren, das Fleckchen Erde, auf dem du lebst, in ein blühendes Paradies zu verwandeln.

Möglicherweise führe ich bei dir aber ein Schattendasein, und du kennst mich noch gar nicht richtig. Vielleicht schätzt du dein Leben überhaupt nicht als übermäßig sinnlich ein oder bezeichnest dich sogar als arm. Aber das heißt nur, dass du mich noch

nicht gefunden hast. Doch ich bin da. Meine kolossale Kraft, meine Sinnlichkeit und der Zug zum Reichtum schlummern in dir.
Was dir hilft, mich zu aktivieren, sind körperliche Bewegung und Kontakt mit der Natur. Am wichtigsten aber ist, dass du an mich glaubst und in deinem Denken und Handeln Raum für mich schaffst.«

Mars-Check
Wie gut setzt man sich mit diesem Mars durch? Stark wird man bei Angriffen.
Wie aggressiv macht dieser Mars? Sehr, wenn man gereizt wird.
Wie viel Sexpower bekommt man mit ihm? Darüber muss kein Wort verloren werden. Oder höchstens eines: viel!

Mars im Zeichen Zwillinge – Verspielt
Marsstärken Gewandt, neugierig, vielseitig
Marsschwächen Unkonzentriert, zerstreut

Die Botschaft des Mars lautet: »Ich helfe dir dabei, ein unternehmerischer, vielseitig interessierter und talentierter Mensch zu sein. Mein Feuer in Verbindung mit der Luft des Zwillingezeichens macht dich mutig und unerschrocken. Die beiden Elemente ergeben eine sehr günstige Mischung: Feuer braucht Luft. Im übertragenen Sinne bedeutet Luft Kommunikation. Daraus folgt, dass du vitaler, lebendiger und feuriger wirst, sobald du unter Menschen bist. Hingegen dämpft Alleinsein dein Temperament. Oder die Gedanken beginnen zu rotieren, und du kannst deinen Kopf nicht mehr abschalten.
Deine ohnehin vorhandene Neugier wird durch mich noch beflügelt. Dein Interesse an allem lässt sich jedoch nur im Kontakt mit deiner Außenwelt ausreichend befriedigen. Allerdings kann es auch sein, dass du mich noch gar nicht richtig entdeckt hast und mich daher nicht ausleben kannst. Dein eigenes Leben kommt dir vielleicht überhaupt nicht übermäßig interessant und abwechs-

lungsreich, sondern eher ziemlich öde vor. Dann ist es höchste Zeit, mich ans Licht zu holen. Du spürst womöglich schon, wie ich in deinem Innern rumore.

Was dir hilft, mich zu ›wecken‹, sind Atemübungen und viel körperliche Betätigung an der frischen Luft. Am wichtigsten aber ist, dass du an mich glaubst und in deinem Denken und Handeln Raum für mich schaffst.«

Mars-Check
Wie gut setzt man sich mit diesem Mars durch? Auf den Mund gefallen ist man mit ihm auf keinen Fall.
Wie aggressiv macht dieser Mars? Man schimpft höchstens einmal kräftig.
Wie viel Sexpower bekommt man mit ihm? Sex macht Spaß. Man hat viel Lust dazu, übertreibt's aber nicht.

Mars im Zeichen Krebs – Gefühlvoll
Marsstärken Emotional, eruptiv
Marsschwächen Schwierig, gebremst, »zickig«

Die Botschaft des Mars lautet: »Wir beide haben es nicht ganz leicht miteinander. Das Wasser des Krebszeichens kann mein Feuer zum Erlöschen bringen. Dann bist du ein Mensch, der Schwierigkeiten hat, seinen Willen durchzubringen, notfalls mal die Ellbogen einzusetzen, sich zu behaupten. Denn das sind die Eigenschaften, die ich verleihe. Zugleich aber bist du vermutlich innerlich gespannt, spürst Wut, Frustration und Ungenügen und kannst damit aber nicht richtig herausrücken. Du kannst allerdings auch diese feurigen Eigenschaften in dir transformieren. Du wirst jedoch nicht so direkt und forsch handeln, wie es diese Attribute ungebremst ermöglichen würden. Dafür besitzt du dann aber ein tiefes Gefühlsleben. Du bist so in positivster Weise ein Mensch, der tief in sich hineinschaut und seine Seele wie auch die anderer kennt.

Wenn du mich so lebst und erlebst, bist du ein rezeptiver, kreativer Mensch, einer, der durch sein Mitschwingen mit anderen und sein psychologisches Gespür am Ende genauso viel erreicht wie Menschen mit anderen Marspositionen. Allerdings kann es auch sein, dass ich bei dir noch ein Schattendasein führe. Du schätzt mich nicht und versuchst, mich durch effektiveres Verhalten zu ersetzen. Nur funktioniert das so eben nicht: Am Ende wirst du noch unsicherer sein.

Steh zu mir, deinem Mars! Lebe mich mit all meinen Widersprüchen. Befasse dich mit Psychologie. Das hilft dir, dich selbst besser zu verstehen.«

Mars-Check
Wie gut setzt man sich mit diesem Mars durch? Es fällt einem schwer, sich auf direktem Weg durchzusetzen.
Wie aggressiv macht dieser Mars? Es dauert eine Weile, bis man wütend wird, dann aber richtig.
Wie viel Sexpower bekommt man mit ihm? Man ist sehr erotisch, wenn man sich sicher fühlt.

Mars im Zeichen Löwe – Imposant
  Marsstärken Selbstbewusst, herzlich, stolz
  Marsschwächen Selbstsüchtig, eitel

Die Botschaft des Mars lautet: »Du verfügst über doppeltes Feuer. Ich, der feurige Planet, begegne dem Löwen, einem dem Element Feuer zugehörenden Zeichen. Feuer trifft also auf Feuer, vereinigt sich, wird zur lodernden Flamme. Da Feuer ein Symbol gleichermaßen für Tatkraft wie geistige Regsamkeit ist, musst du ein dynamischer, unternehmungsfreudiger Mensch sein, dessen Wirken durchdrungen ist von geistiger Weitsicht und Größe. Deinen hohen Ansprüchen, mit denen du um die Durchsetzung deiner Ziele kämpfst, stehen eine einnehmende Herzlichkeit und eine lockere, beinah spielerische Haltung gegenüber. Man könnte meinen, deine Erfolge fielen dir einfach in den Schoß. Aber du bekommst nichts ›gratis‹. Du bist dem Leben und anderen Menschen gegenüber immer hilfsbereit und großzügig, und das gibt dir das Leben zurück. Solltest du dich in diesem Bild nicht wiederfinden und dich vom Leben eher benachteiligt als beschenkt fühlen, führe ich bei dir ein Schattendasein. Du hast mich noch gar nicht richtig entdeckt und kannst mich daher nicht ausleben.

Was dir hilft, mich in Gang zu bringen, ist Bewegung, Tanz, aktiver Sport. Vor allem aber musst du direkter, spontaner und selbstbewusster werden. Du musst dich mit mir in deinem Inneren verbinden – es ist alles da, was du dazu benötigst.«

Mars-Check
Wie gut setzt man sich mit diesem Mars durch? Das bereitet überhaupt keine Probleme.
Wie aggressiv macht dieser Mars? Man lässt sich nicht leicht aus der Ruhe bringen. Ist es aber einmal so weit, dann kracht's.
Wie viel Sexpower bekommt man mit ihm? Starken Partnern schenkt man alles. Schwächlinge schläfern ein.

Mars im Zeichen Jungfrau – Bedacht
Marsstärken Geistig fit, vernünftig, aktiv, arbeitsmotiviert, fleißig
Marsschwächen Zwanghaft, überängstlich

Die Botschaft des Mars lautet: »Feuer und Erde verbinden sich, wenn ich bei der Jungfrau, einem Erdzeichen, Station mache. Feuer und Erde zusammen wecken Aktivität, Arbeitswillen, Genauigkeit und Realitätssinn. Dein Feuer gleicht einer anhaltenden Glut. Das formt dich zu einem Menschen, der gern und gut arbeitet, ausdauernd und präzise ist, strategisch vorgeht und sich nicht unüberlegt in seine Arbeit stürzt. Diese Konstellation macht dich auch vorsichtig. Das kann unter Umständen in Kleinlichkeit und Angst ausarten. Ebenso mag eine übertrieben kritische Haltung sich selbst und anderen gegenüber die Folge sein. Du brauchst daher ein Ventil, etwas, das dir erlaubt, mich ohne zu viel Kontrolle und Analyse ausleben zu können, zum Beispiel beim Sport oder bei anderen körperlichen Aktivitäten. Auch riskante Freizeitbeschäftigungen (Paragliding, Klettern) sind für uns beide geeignet: Du passt nämlich gut auf dich auf, und meinen Ansprüchen geschieht Genüge. Das wiederum kommt, zusammen mit der Jungfrauenergie, deinem Schaffen zugute.

Du solltest auch einen Weg finden, deine Wut und deine Verletzungen besser zu zeigen. Du neigst nämlich dazu, deine Aggressionen zu unterdrücken und irgendwo zu ›bunkern‹ – bis dann das Maß voll ist und du wegen einer Kleinigkeit explodierst.«

Mars-Check
Wie gut setzt man sich mit diesem Mars durch? Das fällt leider nicht leicht.
Wie aggressiv macht dieser Mars? Es dauert eine ganze Weile, bis es zur Explosion kommt.
Wie viel Sexpower bekommt man mit ihm? Man ist weder Hengst noch Schnecke. Auf jeden Fall macht Erfolg sexy.

Mars im Zeichen Waage – Charmant
Marsstärken Lebhaft, gesellig, beliebt, ausgleichend, korrekt
Marsschwächen Ausschweifend, untreu, unmäßig

Die Botschaft des Mars lautet: »In dieser Position vereinigen sich mein Feuer und die Luft der Waage. Davon profitieren beide Elemente, und sie werden aufgewertet. Du bist daher ein leichter, ›luftiger‹ Mensch von sanguinischem Temperament und besitzt die Gabe, andere rasch für dich einzunehmen. Dein Auftreten ist charmant, einfühlsam, zuvorkommend. Ein weiteres Plus dieser Position sind ein guter Geschmack und künstlerisches Talent.
Mit mir im Zeichen Waage wirst du zu einem Streiter für Frieden

und Ausgleich. Wo immer Ungerechtigkeiten und Zwietracht herrschen, fühlst du dich aufgerufen, zu schlichten und zu versöhnen. Zuweilen breche ich aber auch bei dir in all meiner Heftigkeit durch, nämlich dann, wenn du zu lange versucht hast, mich zu kontrollieren und zu unterdrücken.

Mit mir kommt auch dein Denken schwer in Gang. Du glaubst, alle Probleme mit dem Kopf lösen zu können. Wichtig ist, dass du dir für ›deinen Mars‹ ein Ventil suchst. Man kann mich nicht zu permanenter Friedfertigkeit verdonnern. Aber wenn du mich anderweitig lebst, beim Sport, bei abenteuerlicher Freizeitgestaltung, dann gelingt es dir besser, mich für deine pazifistischen Missionen einzuspannen.«

Mars-Check
Wie gut setzt man sich mit diesem Mars durch? Als guter Taktiker beißt man sich durch.
Wie aggressiv macht dieser Mars? Der Grundtenor ist friedlich. Gelegentliche Eruptionen sind nicht ausgeschlossen.
Wie viel Sexpower bekommt man mit ihm? Sex ist da. Gesucht aber wird geistiges Verstehen.

Mars im Zeichen Skorpion – Leidenschaftlich
Marsstärken Kraftvoll, ausdauernd, hartnäckig, furchtlos, mutig
Marsschwächen Lasterhaft, rachsüchtig

Die Botschaft des Mars lautet: »Dir steht durch mich eine besondere, eine starke, vitale Kraft zur Seite. Du bist ausgesprochen zäh, wenn es um die Verwirklichung eines Zieles geht, an dem dir auch emotional liegt. Selbst Mühen und Unannehmlichkeiten, mit denen sich andere Menschen nicht belasten würden, nimmst du dann gern in Kauf. Nicht verwunderlich, dass diese Hartnäckigkeit mitunter zu außerordentlichen Leistungen führt! Dennoch bist du kein Kraftprotz, einer, der die Muskeln spielen lässt und bei jeder Gelegenheit zeigen will, was er draufhat.

Der Skorpion ist vom Element her ein Wasserzeichen. Daher ist meine Kraft nicht auf äußere Wirkung aus. Meine Power geht nach innen. Diese Position führt dazu, dass du instinktmäßig weißt, wann dein Einsatz erforderlich ist, wann etwas Bedeutsames und Wichtiges ansteht und erledigt werden muss: Dann wirst du zum ›Helden‹. Daher ist dir zu raten, entsprechende Herausforderungen zu suchen und anzunehmen. Nur dann stehe ich voll auf deiner Seite. Ohne solche Kicks wirst du eher müde und lustlos reagieren. In der Verbindung zwischen Skorpion und mir besteht eine starke Neigung zur Zerstörung. Das ist immer dann gut, wenn etwas alt, verbraucht, überholt und ein neuer Anfang angezeigt ist. Aber hüte dich vor sinnloser Destruktion!

Mit dieser Konstellation verfügst du auch über eine kolossale Sexpower. Du bist leidenschaftlich, triebstark und letztendlich beseelt von der Idee, Nachwuchs in die Welt zu setzen.«

Mars-Check
Wie gut setzt man sich mit diesem Mars durch? Man operiert mit seiner Power indirekt und drückt so seinen Willen durch.
Wie aggressiv macht dieser Mars? Der Zerstörungskraft sind kaum Grenzen gesetzt.
Wie viel Sexpower bekommt man mit ihm? Mehr als alle anderen.

Mars im Zeichen Schütze – Temperamentvoll
Marsstärken Schlagfertig, gerecht, begeisterungsfähig, klar und offen
Marsschwächen Streitbar, aggressiv, beleidigend

Die Botschaft des Mars lautet: »Hier trifft Feuer auf Feuer, denn sowohl ich als auch der Schütze sind ihrer Natur nach feurig. Eine lodernde Flamme entsteht. Und im Zeichen Schütze manifestiere ich mich mit besonderer Intensität. Da Feuer ein Symbol gleichermaßen für Tatkraft wie geistige Regsamkeit ist, wirst du ein dynamischer, unternehmungsfreudiger Mensch, dessen Wirken durchdrungen ist von geistiger Weitsicht und Größe. Dein Handeln und Wirken wird stark von Idealen geleitet: von Gerechtigkeit, Ritterlichkeit und Fairness. Du bist leicht zu begeistern und, einmal in Schwung, kaum zu bremsen. Was du brauchst, ist ein Ziel, eine Hoffnung, eine Perspektive, sonst erlischt dein Feuer.

Allerdings kann es auch sein, dass dein Mars noch ein Schattendasein führt, dass du mich noch gar nicht richtig entdeckt hast. Vielleicht meinst du, keineswegs feurig oder übermäßig aktiv zu sein, sondern erlebst dich eher als passiven Zeitgenossen. Dies hieße dann, dass du einen Teil deines Selbst negierst – und dich auf die Suche nach mir, deinem Mars, begeben solltest.

Was dir hilft, mich zu initiieren, sind Bewegung, Tanz, aktiver Sport und Reisen. Vor allem aber solltest du direkter, spontaner und selbstbewusster werden. Du musst dich mit mir in deinem Inneren verbinden. Es ist alles vorhanden, was du brauchst.«

Mars-Check
Wie gut setzt man sich mit diesem Mars durch? Das klappt gut, solange Fairness herrscht.
Wie aggressiv macht dieser Mars? Zu streiten lohnt sich nur für eine gute Sache.
Wie viel Sexpower bekommt man mit ihm? Mit Sex ist man dem Himmel nah.

Mars im Zeichen Steinbock – Hartnäckig
Marsstärken Verantwortungsvoll, geduldig, zäh, mutig, tatkräftig
Marsschwächen Eigenwillig, missmutig

Die Botschaft des Mars lautet: »Das ist eine Verbindung von Feuer und Erde, da der Steinbock zu den Erdzeichen zählt. Feuer und Erde zusammen wecken Arbeitswillen, Genauigkeit und Realitätssinn. Dein Feuer brennt nicht lichterloh (um sich dann rasch zu verzehren), sondern lang anhaltend wie eine wohlgeschürte

Glut. Das macht dich zu einem Menschen, der gern und gut arbeitet, ausdauernd und präzise ist, strategisch vorgeht und sich nicht unüberlegt in seine Arbeit stürzt. Du bist auch extrem widerstandsfähig. Man kann dich mit einem Diamantbohrer vergleichen, der sich in eine Sache unaufhaltsam hineinfrisst. Und du bist erfolgreich. Du verfügst über die entsprechende Motivation und ein Gespür für Machtverhältnisse.

Diese Konstellation bedeutet aber auch, dass ein Wandel vonstattengehen muss. Aus einer impulsiven, feurigen, leicht erregbaren, leidenschaftlichen Energie wird eine kontrollier- und regelbare Kraft, die sich einer höheren Absicht fügt und dem Allgemeinwohl dient. Du darfst allerdings die ursprüngliche Qualität von mir, deinem Mars, nicht vollständig verlieren. Das würde zu Aggressionsstau und unter Umständen sogar zu gesundheitlichen Problemen führen.

Es ist also wichtig, dass du dir für die transformierten Eigenschaften ein Ventil suchst. Wenn du sie anderweitig lebst, beim Sport oder bei abenteuerlicher Freizeitgestaltung, dann gelingt es dir besser, mich für deine höheren Zwecke einzuspannen.«

Mars-Check
Wie gut setzt man sich mit diesem Mars durch? Harte Arbeit führt zum Ziel.
Wie aggressiv macht dieser Mars? Eigentlich ist man friedlich, lässt sich aber ungern provozieren.
Wie viel Sexpower bekommt man mit ihm? Wenn die Verhältnisse stimmen, kommt es zu Gipfelerlebnissen!

Mars im Zeichen Wassermann – Einfallsreich
Marsstärken Aufgeweckt, innovativ, selbständig, schöpferisch
Marsschwächen Prahlerisch, eingebildet

Die Botschaft des Mars lautet: »Es vereinigen sich Feuer (Mars) und Luft (Wassermann). Diese Kombination kommt beiden

Elementen zugute und wertet sie auf. Du bist daher ein leichter, ›luftiger‹ Mensch, der über die Gabe verfügt, andere für sich einzunehmen. Dein Auftreten ist charmant, einfühlsam und zuvorkommend. Alltag, graues Einerlei, tägliche Routine sind dir ein Greuel. Du möchtest Neues erschaffen, eingefahrene Gleise verlassen, originell und schöpferisch sein. Freiheit ist für dich überaus wichtig. Du arbeitest besser, wenn dich nicht ständig jemand gängelt. Du bist der geborene ›Freelancer‹. Dein ausgeprägtes Improvisationstalent ermöglicht dir, originelle und unkonventionelle Lösungen zu finden, wenn du nicht durch Vorgaben eingeschränkt wirst. Auch in Beziehungen wird es schnell zu eng. Eine Ehe bereitet dir ebenfalls Probleme; du fühlst dich unfrei, wie ›eingesperrt‹.

Vielleicht aber entspricht diese Charakterisierung nicht deinem Selbstbild: Weder schätzt du dich als unabhängig oder freiheitsliebend noch als übermäßig schöpferisch ein. Dann ist zu vermuten, dass dein Mars noch auf seine Entdeckung wartet. Mach dich auf die Suche!

Was dir hilft, mich zu aktivieren, ist Bewegung, vor allem Tanz. Noch wichtiger aber wird es sein, unkonventioneller und spontaner zu werden. Du musst dich mit mir in deinem Inneren verbinden. Es ist alles da, was du dazu benötigst.«

Mars-Check
Wie gut setzt man sich mit diesem Mars durch? Genialität ist vorhanden, aber nicht unbedingt Durchsetzungskraft.
Wie aggressiv macht dieser Mars? Ein solches Verhalten ist undenkbar.
Wie viel Sexpower bekommt man mit ihm? Sex ist schön, aber längst nicht alles.

Mars im Zeichen Fische – Abwartend
Marsstärken Empfänglich, intuitiv, einfühlsam, kreativ
Marsschwächen Willensschwach, beeinflussbar, leicht zu täuschen

Die Botschaft des Mars lautet: »Mein Feuer und das Wasser der Fische treffen aufeinander. Das kann dazu führen, dass das Feuer zunächst einmal erlischt. Dann bist du ein Mensch, der Schwierigkeiten hat, seinen Willen durchzusetzen, die ›Ellbogen‹ zu benutzen, sich zu behaupten – denn all dies sind Eigenschaften, die ich, der Planet Mars, verleihe. Gleichzeitig fühlst du dich jedoch innerlich gespannt, spürst Wut, Frustration und Ungenügen, aber du kannst damit nicht richtig herausrücken.
Es gibt allerdings auch die Möglichkeit, diese Qualitäten zu transformieren. Du wirst dann zwar noch lange nicht so direkt und forsch handeln können, wie es die ungebremsten Eigenschaften ermöglichen würden. Dafür gewinnst du eine andere Fähigkeit, nämlich ein kolossales Gespür. Das Fischezeichen ist seinem Wesen nach transparent, es besitzt keine klaren Grenzen, versetzt daher in die Lage, sich universell zu vernetzen. Du hast also eine Art sechsten Sinn, spürst andere Menschen, die sich nicht einmal in der Nähe aufhalten.«

Mars-Check
Wie gut setzt man sich mit diesem Mars durch? Das macht Probleme. Es gelingt nur dann wirklich, wenn man von der Sache hundertprozentig überzeugt ist.
Wie aggressiv macht dieser Mars? Es dauert ewig, bis man aus der Haut fährt.
Wie viel Sexpower bekommt man mit ihm? Sex ist wunderbar, aber er ist nicht alles.

Jupiter – Innerlich und äußerlich reich

Die Bedeutung Jupiters

Nachts, wenn Venus nicht mehr (oder noch nicht) am Himmel leuchtet, ist Jupiter eines der hellsten Gestirne überhaupt. Kein Wunder daher, dass er unseren Vorfahren, die der Nacht in viel umfassenderem Maße ausgeliefert waren als wir heute in unserer künstlich erhellten Zeit, ein Symbol für Hoffnung, Trost, Stimmigkeit und Gerechtigkeit war. Oft verband man ihn mit der obersten Gottheit.

So auch in der griechischen Mythologie, auf die sich die Symbolik der Astrologie entscheidend bezieht. Jupiter heißt bei den Griechen »Zeus«, und über ihn gibt es unzählige Mythen. So war er es, der gegen seinen grausamen Vater Saturn(us) bzw. Kronos, den Obersten der Titanen, antrat und ihn besiegte. Saturn hatte nämlich außer Zeus alle seine Nachkommen aufgefressen, weil ihm geweissagt worden war, dass ihn eines seiner Kinder vom Thron stoßen würde. Rheia, Zeus' Mutter, versteckte ihren Sohn vor dem Vater, und die Prophezeiung erfüllte sich: Zeus entthronte ihn und warf ihn in den Tartaros.

Andere Geschichten über Jupiter/Zeus erzählen eher Delikates. So gelüstete es den obersten Gott immer wieder nach weltlichen Frauen, die er durch List dazu brachte, mit ihm zu schlafen und Kinder von ihm zu empfangen. Bei Leda zum Beispiel verwandelte er sich in einen Schwan und zeugte mit ihr Pollux. Auch Herakles und Dionysos entstammten seinem gemeinsamen Lager mit sterblichen Frauen. Gezeugt durch den unsterblichen Jupiter, erlangten seine Kinder ebenfalls das ewige Leben.

Die Position Jupiters im Horoskop verweist daher einerseits auf tiefe Einsichten: Jupiter sorgt dafür, dass einem »ein Licht aufgeht«, man letzten Endes weise wird. Auf der anderen Seite verkörpert er eine Gestalt, der eine unendlich große Liebe zukommt. Sinnbildlich gesprochen, sehnt sich der Mensch danach, sich mit dem göttlichen Jupiter zu vereinigen, um Kinder (symbolisch für Ideen und Taten) zu gebären, die unsterblich sind.

Des Weiteren symbolisiert Jupiter den große Helfer, Heiler und Versöhner. Dort, wo er im Horoskop steht, findet der Mensch Kräfte, sich und andere zu trösten und zu stärken. Am bekanntesten ist Jupiter in der Astrologie aber deswegen, weil er das Glück verheißt.

♃ Das astrologische Symbol Jupiters besteht aus einem Halbkreis (er repräsentiert seelische Empfänglichkeit) und einem Kreuz, das wieder die Materie symbolisiert. Der Halbkreis neben dem Kreuz bedeutet: Das Seelische und die Materie gelten als gleichwertig, keines überragt das andere.

Wie zuvor bei Aszendent, Mond, Venus und Mars lässt sich die genaue Jupiterposition eines Horoskops mit Hilfe der Website des Autors ermitteln (www.bauer-astro.de).

Der Krebs und seine Jupiterzeichen

Jupiter im Zeichen Widder – Das Glück der Inspiration
Jupiterstärken Selbstvertrauen, Optimismus
Jupiterschwächen Prahlerei

Die Botschaft Jupiters lautet: »Glück ist für dich die Möglichkeit, deinen Willen und deine Impulse spontan und unmittelbar umsetzen zu können. Du bist ein Abenteurer, in Wirklichkeit wie im Geiste. Du möchtest wie Kolumbus die Welt entdecken. Und wie Einstein, Hildegard von Bingen oder Galileo Galilei den Gipfel menschlicher Erkenntnis erreichen. Wenn du dich bewegst, geistig wie körperlich, bist du deinem Schöpfer am nächsten. Stillstand hingegen führt zur Resignation; du fühlst dich fern vom großen Ganzen.

Durch deine optimistische und positive Weltauffassung bist du dafür bestimmt, anderen voranzugehen oder ihnen den Weg zu weisen. Es schlummert auch ein Heiler und Prophet in dir, der im Laufe deines Lebens geweckt werden will. Bevor du allerdings selbst ein Heiler sein kannst, brauchst du Persönlichkeiten, die dir auf deinem Weg ein Vorbild sind. Mit der Gabe, andere zu führen, musst du behutsam umgehen. Hüte dich davor, sie zu blenden oder sich über ihr Unwissen zu erheben. Du darfst die Demut nie verlieren, und du darfst nicht vergessen, dass du selbst auch ein Suchender bist.«

Jupiter-Check
Wie wird man mit Jupiters Hilfe innerlich und äußerlich reich? Durch Handeln, Reisen, Unternehmungen, Initiativen.
Wie lässt sich mit diesem Jupiter helfen und heilen? Durch Körpertherapie, Yoga, Sport, Wärme, Motivation anderer, tatkräftiges Unterstützen, Zusprechen von Mut.

Jupiter im Zeichen Stier – Das Glück der Erde
Jupiterstärken Geduld, Großzügigkeit
Jupiterschwächen Bequemlichkeit

Die Botschaft Jupiters lautet: »Dein Glück liegt im ungestörten Genuss. Überfluss und Sicherheit bedeuten für dich die Erfüllung deiner Wünsche. Du bist geduldig. Wie ein Gärtner sorgfältig Samen und Pflanzen hegt, damit sie zur vollen Größe heranwachsen können, so überwachst du dein Hab und Gut, deine Anlagen und Talente und entwickelst sie zur vollen Reife. Der Vergleich mit dem Gärtner ist auch in anderer Hinsicht passend. Denn du liebst die Natur. Eine Waldlichtung im Frühling erscheint dir wie ein Dom, und du bist deinem Schöpfer vielleicht näher als in einer Kirche. Die Natur zeigt die Ordnung, Stimmigkeit und Erfüllung. Und die Natur heilt. Sie heilt dich, wenn du erschöpft oder krank bist. Du brauchst dich nur unter einen Baum zu legen, und du fühlst dich sofort besser. In der Natur findest du aber auch die Stoffe, um andere zu heilen. Nahrung, Heilkräuter, homöopathische Essenzen: Alles erhält durch Jupiter eine höhere Potenz, heilt und macht ganz.

Wovor du dich hüten musst, ist, Besitz zu horten. Ein Baum sammelt nicht die Erde, die ihn hält, er benutzt sie, um in den Himmel zu wachsen.«

Jupiter-Check
Wie wird man mit Jupiters Hilfe innerlich und äußerlich reich?
Durch Geduld und Nähe zur Erde. Durch materiellen Wohlstand. Durch Liebe und Sinnlichkeit.
Wie lässt sich mit diesem Jupiter helfen und heilen? Mit den Heilkräften der Natur.

Jupiter im Zeichen Zwillinge – Das einfache Glück
Jupiterstärken Begeisterungsfähigkeit
Jupiterschwächen Ruhelosigkeit

Die Botschaft Jupiters lautet: »Dein Glück findest du im Alltäglichen, auf einem Wochenmarkt, im Zug, bei einer Unterhaltung mit Freunden und Bekannten. Aber auch zu Menschen, die du noch nicht kennst, findest du rasch einen Bezug und große Nähe. Dieses ›kleine Glück‹ bedeutet dir mehr, als nach großer und absoluter Erfüllung zu suchen. Du verfügst über eine enorme sprachliche Begabung, kannst gut schreiben, formulieren und sprechen.
Um dich wohl zu fühlen, brauchst du die Geselligkeit, verbalen Austausch und lebendige Kommunikation. Unter Menschen findest du zu dir und fühlst dich aufgehoben. Allein hingegen verlierst du deine innere Sicherheit und den tiefen Glauben, dass alles sinnhaft ist und von einem höheren Willen getragen wird. Daher ist es auch deine Aufgabe, andere miteinander zu verbinden, damit sie sich nicht als isoliert erleben. Der Mensch ist ein soziales Wesen. Er wächst in einer Familie auf, schafft sich später seine eigene Familie, seine Arbeitswelt, seine Freunde. Du bist auf der Welt, um andere aus ihrer Einsamkeit zu befreien, in die sie irrtümlicherweise geraten sind.«

Jupiter-Check
Wie wird man mit Jupiters Hilfe innerlich und äußerlich reich? Im Kleinen, in den Dingen, die sich im Umfeld befinden. Und in der Begegnung mit anderen.
Wie lässt sich mit diesem Jupiter helfen und heilen? Durch gute Worte, aufmunternden Zuspruch, durch Zuhören und Teilnahme. Durch Verbinden und Vernetzen.

Jupiter im Zeichen Krebs – Das Glück der Geborgenheit
Jupiterstärken Suggestivwirkung, Phantasie
Jupiterschwächen Gefühlspathos, Missbrauch

Die Botschaft Jupiters lautet: »Wenn du fühlst, bist du. Man kann dich einen ›Seelentaucher‹ nennen, denn deine liebste Beschäftigung ist es, dich in deine eigene oder die Seele anderer zu vertiefen. Eine gesunde und heile Psyche ist für dich unerlässlich, um zufrieden zu sein. Auch Menschen aus deinem Umfeld wenden sich an dich, weil sie intuitiv spüren, dass du ihnen helfen kannst, ihr Innenleben zu heilen.
In der Familie siehst du den Anfang allen Glücks, aber auch allen Elends. Sosehr du sie schätzt, so fern liegt es dir, nur dein eigenes Nest zu bewundern. Im Gegenteil, fremde Sitten und Gewohnheiten sind dir ebenso wichtig wie die eigenen. Am liebsten würdest du in einer Gemeinschaft leben, die von Menschen unterschiedlichster Herkunft getragen wird.
›Geborgenheit‹ ist für dich kein leeres Wort, sondern ein anderer Ausdruck für ›Erfüllung‹, ›Heimat‹, ›Göttlichkeit‹ und ›Ewigkeit‹. Wie ein Seismograph erspürst du daher Unstimmigkeiten in deinem Umfeld, die disharmonisch sind und den Frieden stören können. Deine großen heilerischen Fähigkeiten ermöglichen es, solche Störungen sichtbar zu machen. Hüten musst du dich aber davor, als Retter aufzutreten. Du bist wahrhaftig, wenn du alles einfach nur geschehen lässt.«

Jupiter-Check
Wie wird man mit Jupiters Hilfe innerlich und äußerlich reich? Im Fühlen, in der Liebe, im Geben, in der Familie, in der Vergangenheit, bei den Ahnen.
Wie lässt sich mit diesem Jupiter helfen und heilen? Durch aufdeckende Gespräche.

Jupiter im Zeichen Löwe – Das Glück der Herzensfreude
Jupiterstärken Herzenswärme, Großmut
Jupiterschwächen Eitelkeit, Dünkel

Die Botschaft Jupiters lautet: »Glück bedeutet für dich, dass du die Möglichkeit hast, spontan und großzügig schenken zu können. Äußere Werte sind dir deshalb nicht unwichtig, denn nur wer hat, kann auch geben. Aber du bist absolut kein Materialist, im Gegenteil: Wenn du nach Macht und Einfluss strebst, dann nicht in erster Linie um persönlicher Vorteile willen, sondern weil du überzeugt bist, anderen etwas geben zu können. Du verbreitest Optimismus. Deine Bestimmung ist es, anderen die Freude am Leben zu zeigen. So wie ich, dein Jupiter, einst die Schreckensherrschaft Saturns beendet habe und den Menschen eine gütigere, gerechtere Zeit brachte, so bist du auf der Welt, um Menschen zu erheitern, Sorgen und Kummer zu vertreiben.
Hüten musst du dich vor Stolz und Überheblichkeit. Bleib gütig! Trag das Feuer der Freude unter die Menschen, aber achte darauf, dass du niemanden damit verbrennst!«

Jupiter-Check
Wie wird man mit Jupiters Hilfe innerlich und äußerlich reich? Durch lebendige Teilnahme am Leben, Großzügigkeit und die Kraft des Herzens.
Wie lässt sich mit diesem Jupiter helfen und heilen? Indem man anderen das Leben als nährenden Urgrund zeigt, als göttlichen Spielplatz.

Jupiter im Zeichen Jungfrau – Das Glück der Unschuld
Jupiterstärken Engagement, Bescheidenheit
Jupiterschwächen Zersplitterung

Die Botschaft Jupiters lautet: »Glück ist für dich die einfachste Sache der Welt, es liegt vor der Tür, es braucht nur gefunden und aufgehoben zu werden. Einzige Voraussetzung: Man muss unschuldig sein wie ein Kind. Du bist daher auch kein Freund großangelegter und sich ewig hinziehender Expeditionen auf der Suche nach dem Glück. Entweder es ist hier – oder nirgends.
Insbesondere die Natur ist dir ein genialer Lehrmeister. Die Folge der Jahreszeiten, das Ineinandergreifen von Phasen des Wachstums und der Stagnation: Das alles ist für dich ein Ausdruck göttlicher Ordnung, die sich tagtäglich und jahraus, jahrein wiederholt. Auf besondere Weise faszinieren dich aber auch die Vorgänge im Zusammenhang mit dem menschlichen Körper. Dieses tagtägliche Wunder von Nahrungsaufnahme und Verwandlung in Leben, das Zusammenwirken Tausender Prozesse – all dies sind für dich sinnhafte Beweise göttlichen Wirkens.
Deine Kenntnisse befähigen dich zum Heiler. Schon durch deine Nähe initiierst du bei anderen die Genesung. Wovor du dich hüten musst, ist, dein Wissen zu missbrauchen. Wirke durch gutes Beispiel und nicht durch Besserwisserei!«

Jupiter-Check
Wie wird man mit Jupiters Hilfe innerlich und äußerlich reich? Im alltäglichen Tun, bei der Arbeit, im Gefühl der Ordnung.
Wie lässt sich mit diesem Jupiter helfen und heilen? Durch bewusste Ernährung, das Studium von Körper und Geist und Lernen von der Natur.

Jupiter im Zeichen Waage – Das Glück der Liebe
Jupiterstärken Toleranz, Lebenskunst
Jupiterschwächen Eitelkeit, Genusssucht

Die Botschaft Jupiters lautet: »Glück findest du in der Kraft der Liebe. Du brauchst nicht einmal selbst unmittelbar daran teilzuhaben. Auch wenn andere Menschen sie entdecken, fühlst du dich angenommen, zu Hause, eins mit der Schöpfung. Noch göttlicher ist es natürlich, wenn Amor dich selbst trifft. Auf einer Wolke schwebst du, im Paradies bist du angekommen … Liebe ist deiner Meinung nach Ursprung und Ziel allen Seins. Gott ist die Liebe, und das Leben entspringt aus ihr. Der Liebe gibst du alles. Umgekehrt beschenkt sie dich auch. Du kannst andere tief berühren, trösten, erfreuen und aufbauen.

Auch der Kunst gehört dein Herz. Allerdings zählt für dich nur das dazu, was von Liebe getragen ist und Harmonie und Stimmigkeit ausdrückt. Im Grunde schlummert in dir selbst ein Künstler, der darauf wartet, seine Fähigkeiten zum Fließen bringen zu können. Wovor du dich hüten musst, ist, dich von Liebe und Harmonie einlullen zu lassen. Alles im Leben hat zwei Seiten. Zur Liebe gehört Auseinandersetzung und zur Harmonie Spannung. Nur wenn du das Gleichgewicht zwischen beiden Seiten findest, ist die Liebe vollendet.«

Jupiter-Check
Wie wird man mit Jupiters Hilfe innerlich und äußerlich reich?
Indem man verzeiht, liebt, empfangen und geben kann.
Wie lässt sich mit diesem Jupiter helfen und heilen? Allein die Nähe heilt, und Berührungen sind eine Wohltat.

Jupiter im Zeichen Skorpion – Das Glück der Tiefe
Jupiterstärken Tiefgründigkeit, Spiritismus
Jupiterschwächen Exaltiertheit, Despotismus

Die Botschaft Jupiters lautet: »Glück findet sich deiner Meinung nach auf dem Grund aller Dinge, nicht an der Oberfläche. Dieses Wissen habe ich dir verliehen. Du sollst es weiterverbreiten. Was die Welt zusammenhält, ist der ewige Kreislauf von Zeugung, Geburt, Leben und Tod. Alles war schon immer, und alles wird immer sein. Daher musst du dich in besonderer Weise solcher Angelegenheiten annehmen, die ausgegrenzt werden aus dem Ganzen, aber dazugehören. Zum Beispiel ist für dich der Schatten ein notwendiger Teil des Lichts. Du fühlst dich daher veranlasst, dich für Schwächere einzusetzen oder aus der Gesellschaft Ausgeschlossene zu unterstützen. Du weißt instinktiv, dass es dem Leben schadet, wenn nicht alle Seiten integriert werden.

Mein heilendes Jupiterfeuer lodert in dir sehr stark. Wie Pollux einst seinem toten Bruder Castor in die Unterwelt folgte, um ihn zu retten, bist du bereit, die größten Unannehmlichkeiten auf dich zu nehmen, damit das Leben keinen Teil verliert. Du bist daher der geborene Retter und Heiler, gleich, ob du diese Gaben in einem Beruf ausübst oder sie als selbstverständlichen Beitrag in deinen Alltag einbringst. Wovor du dich hüten musst, ist, dem Dunklen und Schatten zu sehr zu verfallen – und das Helle nicht mehr klar zu sehen.«

Jupiter-Check
Wie wird man mit Jupiters Hilfe innerlich und äußerlich reich?
Indem man das Offensichtliche hinterfragt, in die Tiefe geht, abwartet und einfach *ist*.
Wie lässt sich mit diesem Jupiter helfen und heilen? Indem man sich derer annimmt, die ein Schattendasein führen.

Jupiter im Zeichen Schütze – Das Glück der Weisheit
Jupiterstärken Idealismus, Glaube, religiöse Erfahrung, Sinnsuche
Jupiterschwächen Schwärmerei, Naivität, Dogmatismus

Die Botschaft Jupiters lautet: »Du bist auf der Welt, um das Glück zu suchen. In dir lebt die Geschichte aller fahrenden Völker fort, der Nomaden und Boten, herumziehenden Bader, Gaukler, Barden und Geschichtenerzähler. Letztlich ist es die Suche nach dem Heiligen Gral, nach Erleuchtung, der blauen Blume, der Quintessenz der Alchemie. Glaube ist für dich Realität, Gott ist nicht irgendwo unerreichbar, sondern überall. Auf dem Weg zu sein ist für dich das Ziel.

So verbreitest du die Wahrheit des Vielen und nicht die des Einen. Deswegen bist du so tröstlich für diese Welt: Denn du hast immer noch eine Perspektive, siehst immer noch eine Möglichkeit. Nichts ist für dich aussichtslos: Viele Wege führen nach Rom, und kein Problem ist so groß, dass es nicht doch eine Lösung gäbe.

Das Feuer, das ich, dein Jupiter, dir in die Hände gebe, heißt Weisheit. Wovor du dich allerdings hüten musst, ist, das Kind mit dem Bade auszuschütten. In deinem heilsamen Krieg gegen die Blindheit der Menschen läufst du Gefahr, selbst blind und einseitig zu werden.«

Jupiter-Check
Wie wird man mit Jupiters Hilfe innerlich und äußerlich reich? Durch die Suche nach Sinn und Göttlichkeit.
Wie lässt sich mit diesem Jupiter helfen und heilen? Durch eine Lebensweise, die Hoffnung verbreitet.

Jupiter im Zeichen Steinbock – Das Glück des Erfolgs
Jupiterstärken Führungsqualität, Ausdauer
Jupiterschwächen Lehrmeisterei

Die Botschaft Jupiters lautet: »Glück ist für dich, deine Arbeit getan zu haben und Ruhe und Sammlung dankbar zu genießen. Glück ist für dich aber auch, sich einer Sache vollständig zu verschreiben, ihr zu gehören, bis sie vollbracht ist. Darin gleichst du einem Bergsteiger, der nicht eher ruht, als bis er auf dem Gipfel steht und dort nach dem nächsten Ausschau hält. Du bist ein Mensch, der sich selbst antreiben und motivieren kann.
Ich, dein Jupiter, befähige dich auch, zu einem Führer zu werden, zu einem, der anderen vorausgeht. Um das zu leisten, was dein Karma ist, brauchst du Kraft, Ausdauer und Zähigkeit. Du bist hart zu dir selbst, weil du weißt, dass deine Ziele keine Schonung dulden. Das Gleiche erwartest du allerdings auch von anderen, was manchmal dazu führt, dass diese dich fürchten und dir aus dem Weg gehen. Daher ist es für dich wichtig, zu erkennen, dass nicht alle Menschen aus dem gleichen (harten) Holz geschnitzt sind wie du. Entwickle Geduld, Nachsicht und Toleranz für deine Mitmenschen, und du wirst eines Tages den höchsten Berg bezwingen, nämlich den der Weisheit.«

Jupiter-Check
Wie wird man mit Jupiters Hilfe innerlich und äußerlich reich? Durch Arbeit und Übernahme von Verantwortung, durch Demut.
Wie lässt sich mit diesem Jupiter helfen und heilen? Durch vorbildliches Verhalten, durch richtige Führung.

Jupiter im Zeichen Wassermann – Das Glück des Wandels

Jupiterstärken Humanismus, Toleranz
Jupiterschwächen Autoritätskonflikte

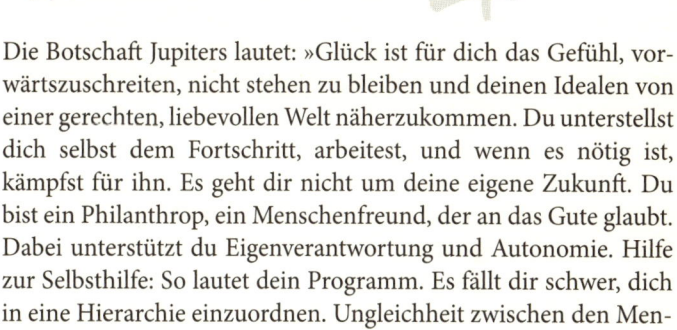

Die Botschaft Jupiters lautet: »Glück ist für dich das Gefühl, vorwärtszuschreiten, nicht stehen zu bleiben und deinen Idealen von einer gerechten, liebevollen Welt näherzukommen. Du unterstellst dich selbst dem Fortschritt, arbeitest, und wenn es nötig ist, kämpfst für ihn. Es geht dir nicht um deine eigene Zukunft. Du bist ein Philanthrop, ein Menschenfreund, der an das Gute glaubt. Dabei unterstützt du Eigenverantwortung und Autonomie. Hilfe zur Selbsthilfe: So lautet dein Programm. Es fällt dir schwer, dich in eine Hierarchie einzuordnen. Ungleichheit zwischen den Menschen ist für dich ein Greuel. Die Kraft deines Glaubens an eine positive Zukunft macht dich für diesen Planeten so wichtig. Denn deinen Visionen ist es zu verdanken, dass die Welt nicht stehen bleibt, sondern sich immer weiterentwickelt.
Wovor du dich in Acht nehmen musst, ist, das Alte nicht völlig zu verwerfen. Du beraubst dich sonst deiner eigenen Wurzeln. Dann aber wird auch der Fortschritt illusorisch.«

Jupiter-Check

Wie wird man mit Jupiters Hilfe innerlich und äußerlich reich? Durch Arbeit für eine bessere Zukunft.
Wie lässt sich mit diesem Jupiter helfen und heilen? Durch Vermittlung neuer Perspektiven, durch solidarische Unterstützung und Veränderung.

Jupiter im Zeichen Fische – Das Glück des Seins
Jupiterstärken Liebe, Mitgefühl, Intuition
Jupiterschwächen Helfersyndrom

Die Botschaft Jupiters lautet: »Glück bedeutet für dich, eins zu sein mit der Schöpfung – ähnlich einem Tropfen, der ins Meer fällt und eins wird mit dem Ganzen. Dein Leben richtet sich nach dem Ideal der Selbstlosigkeit und dem Zurückstellen eigener Bedürfnisse hinter das Wohlergehen des größeren Ganzen. Soziales Engagement ist für dich kein politisches Schlagwort, sondern selbstverständliche Lebensqualität. Du bist sensibel, empörst dich über Ungerechtigkeit und Lieblosigkeit. Ich, dein Jupiter, verleihe dir eine besondere Magie, die Leid und Traurigkeit auflösen kann. Du tust aber gut daran, diese Fähigkeit weiterzuentwickeln, indem du zum Beispiel Heilpraktiker wirst oder dich mit Themen beschäftigst, die deine Anlagen fördern.

Da du dich oft an großen Idealen orientierst, macht dir der Umgang mit der unmittelbaren, konkreten Wirklichkeit mitunter Mühe. Des Weiteren ist es wichtig, dass du dich als Helfer nicht ausnutzen lässt. Du musst lernen, dich abzugrenzen.«

Jupiter-Check
Wie wird man mit Jupiters Hilfe innerlich und äußerlich reich?
Durch Hingabe an das, was ist, durch Liebe des Ganzen.
Wie lässt sich mit diesem Jupiter helfen und heilen? Es sind große heilerische Fähigkeiten vorhanden, die aber gefördert werden sollen.

Saturn – Zum Diamanten werden

Die Bedeutung Saturns
Früher galt Saturn in der Astrologie weithin als Übeltäter, als Verkörperung des Schlechten und Bösen. Er scheint es darauf abgesehen zu haben, uns das Leben so schwer wie irgend möglich zu

machen. Wie der Drache im Märchen verkörpert er Gefahr, Schrecken, ja, zuweilen sogar den Tod. Daher finden sich alte Darstellungen, auf denen Saturn häufig als Knochengerüst mit Sense zu sehen ist, das alles erbarmungslos niedermäht. Saturn kennt kein Mitleid, keine Gnade. Er wirft den Menschen ihr Schicksal vor die Füße – und es bleibt nichts anderes, als es zu nehmen und zu tragen.

Heutzutage wird seine Wirkung positiver gesehen: Wenn Saturn einen noch so sehr plagt, schikaniert, an den Abgrund heranführt, dann hilft er ebenso, sich gegen die Unbilden des Schicksals zu wappnen. Er »schmiedet« den Menschen, macht ihn hart, widerstandsfähig und ausdauernd. Wer immer etwas Großes erreicht in seinem Leben, der schafft es mit Hilfe Saturns und seiner (oft) grausamen Wechselbäder. Da, wo im Horoskop der Planet Saturn steht, muss der Mensch also lernen, in die Schule gehen, dort wird er gestreckt und zusammengeschoben, kritisiert und tyrannisiert, trainiert und behindert – bis er nahezu Perfektion erlangt: Vollkommenheit und Reinheit. Vom Rohling zum Diamanten, so lässt sich das Wirken Saturns zusammenfassen.

Und dennoch geht es dabei keineswegs ausschließlich um Härte, Ausdauer, Übung, Verzicht und unermüdliches Arbeiten an sich selbst. Der Weg zur Vollkommenheit führt unmittelbar am Fluss der Gnade entlang. Saturn ist kein kalter, gemeiner, fordernder Feind, dem gegenüber es sich zu wappnen und zu rüsten gilt. Er verlangt, nein, er verdient Ehrfurcht, Demut, Liebe.

♄ Das astrologische Symbol besteht aus einem Halbkreis, der dem Kreuz untergeordnet ist. Es drückt aus, dass das Seelische (Halbkreis) unter dem Materiellen (Kreuz) steht, ihm untergeordnet ist.

Auf den folgenden Seiten finden sich die zentralen Eigenschaften der Saturnposition in einem Horoskop. Bei der individuellen Anwendung ist einmal mehr zu berücksichtigen, dass diese Stellung stets auch durch Verbindungen mit den übrigen Gestirnen eine andere Färbung bekommen und im Einzelfall auch einmal stark von den hier genannten Deutungen abweichen kann.

Ihre exakte Saturnposition können Sie wieder über die Homepage des Autors herunterladen (www.bauer-astro.de).

Der Krebs und seine Saturnzeichen

Saturn im Zeichen Widder – Über die Kraft herrschen
Saturnstärken Ehrgeizig, machtvoll, führungsbegabt, durchsetzungsstark, edel
Saturnschwächen Rechthaberisch, sarkastisch, bösartig, bissig, gemein

Die Botschaft Saturns lautet: »In deinem Leben geht es darum, deine Wildheit zu bändigen, deine Emotionen zu zügeln und deinen persönlichen Willen einem höheren Ziel, einer Idee mit allgemeinem Wert unterzuordnen. Stell dir mich, Saturn, als ›Pferdeflüsterer‹ und das Widderzeichen als ein wildes Pferd vor, aus dem ein edles Ross werden soll, das dem Reiter seine feurige Energie voll und gern zur Verfügung stellt.
Viele Menschen mit dem Saturn im Zeichen Widder tendieren allerdings dazu, ihre Wildheit zu brechen, sie zu unterdrücken. Sie verdrängen und vergessen sie und sind schließlich im Besitz eines, um es salopp auszudrücken, alten Kleppers. Damit du nicht in diesen Zustand gerätst, bedarf es großer Geduld und harter Arbeit an dir selbst. Du musst die Auseinandersetzung mit dem Leben als Läuterungsprozess begreifen und Kritik nicht als Verhinderung oder Bösartigkeit des Schicksals, sondern als einen Wink Saturns nehmen. Wichtig ist auch, dass du deine Emotionen, Wünsche und Sehnsüchte hinterfragst und diesem Prozess der Katharsis unterordnest.«

Saturn-Check
Wo muss man sich diesem Saturn beugen? Man muss sein Feuer zähmen und sich in Geduld üben.
Welche Mittel und Methoden wendet Saturn an? Vollkommenheit soll erreicht werden durch Verhinderung, Kritik und Strafe.

Worauf muss man achten? Nicht zu streng und rechthaberisch zu werden.

Saturn im Zeichen Stier – Über die Lust herrschen
Saturnstärken Beharrlichkeit, Festigkeit, Standhaftigkeit, Sparsamkeit
Saturnschwächen Geiz, Gefühllosigkeit, Sturheit, Gier, Neid, Existenzangst

Die Botschaft Saturns lautet: »Du musst deine Lust und deine Gier kontrollieren. Denn du neigst dazu, dass du mehr und härter arbeitest, als dir guttut, dass du nervös und gestresst bist und schließlich arbeitsunfähig wirst. Überdies tendierst du dazu, dein Geld in Geschäften anzulegen, die du nicht übersiehst, und am Ende ergeht es dir wie ›Hans im Glück‹: Du besitzt gar nichts mehr. Du läufst also Gefahr, über deine Verhältnisse zu leben, und das von Kindesbeinen an.
Dramatische Auseinandersetzungen mit Eltern und anderen Erwachsenen sind die Folge, wobei in deinen Augen zunächst immer die anderen die ›bösen, versagenden und missgünstigen‹ Menschen sind. Aber es ist mein Einfluss, der dir das Leben schwermacht. Ich, Saturn, verlange Verzicht – und das gerade dort, wo du am meisten Spaß hast. Das ist ein harter, mühsamer, frustrierender Weg. Auf diese Weise entwickelst du jedoch eine besonders feine Sinnlichkeit, wirst zum Genießer der kleinen Dinge und der wirklichen Köstlichkeiten des Lebens.«

Saturn-Check
Wo muss man sich diesem Saturn beugen? Seiner Lust und seinen Wünschen nicht nachgeben, Vorsicht beim Streben nach materiellen Werten.
Welche Mittel und Methoden wendet Saturn an? Der Weg führt durch Leid, Schmerzen, Versagung und Verhinderung, unter Umständen auch durch Krankheit.

Worauf muss man achten? Sich nicht kasteien und sich und den anderen so die Lust am Leben nehmen.

Saturn im Zeichen Zwillinge – Über die Leichtfertigkeit herrschen

Saturnstärken Klarheit, Überblick, das Wesentliche erkennen, literarisches Geschick, geistige Wendigkeit
Saturnschwächen Die Wahrheit verdrehen, Unsicherheit, Besserwisserei, Charakterschwäche

Die Botschaft Saturns lautet: »Deine Aufgabe ist es, dich im Leben nicht zu verzetteln, die Wahrheit zu finden und nicht ihren Schein, Wissen zu erwerben, das wirklich nützlich ist. Du gehst dein Lebtag lang in eine Schule, in der du lernst, stetig besser zu werden, immer mehr Kenntnisse zu erwerben. Aber dieses ›Besser‹ und dieses ›Mehr‹ sind nicht einfach quantitativ gemeint. Es geht um einen großen Reifungsprozess.
Was ist der Grund, dich dermaßen streng zu disziplinieren? In deiner Persönlichkeit findet sich ein unglaublich leichtfertiger Anteil. Aus der Sicht des (Über-)Lebens heraus braucht es daher eine andere, eben die saturnische Kraft, damit du dir nicht aus dieser Gedankenlosigkeit heraus selbst schadest. In deiner Tiefenpsyche herrscht also ein berechtigter Zweifel an deinen Kontrollfunktionen. Das ist der Grund für die Strenge Saturns. Wenn du mit mir, dem Zwillingesaturn, behutsam und richtig umgehst, dann ›schleifst‹ du dich selbst, wirst nicht überheblich, sondern orientierst dich an anderen und suchst dir Lehrer und Meister, die dir helfen, vollkommener zu werden.
Worauf du noch achten musst: Mit dieser Saturnstellung neigt man zu einsamen Entschlüssen. Sozusagen als Gegenreaktion auf die Leichtfertigkeit wird man zum Dogmatiker und Besserwisser, zu einem, der alles mit dem Kopf checkt. Eine solche Haltung entspricht nicht meinem Wunsch.«

Saturn-Check
Wo muss man sich diesem Saturn beugen? Lernen, Kritik konstruktiv zu nehmen. Man muss über sämtliche Konsequenzen seines Verhaltens Bescheid wissen.
Welche Mittel und Methoden wendet Saturn an? Mit Verhinderung, Misserfolg und Demütigung muss man rechnen.
Worauf muss man achten? Nicht dogmatisch und überheblich zu werden. Auch vor allzu großer Strenge muss man sich hüten.

Saturn im Zeichen Krebs – Über die Gefühle herrschen
Saturnstärken Selbstbeherrschung, seine Gefühle im Griff haben, zum Kern vordringen, Distanz, Wahrhaftigkeit, Zuverlässigkeit
Saturnschwächen Gefühlskälte, Rückzug, Misstrauen, Pessimismus

Die Botschaft Saturns lautet: »Aus einem Wesen, das seinen Instinkten, seinem ›Bauch‹ folgt, soll ein Mensch werden, der sein Leben nach Einsicht, Wahrheit und höherem Wissen steuert. Der Weg ist überaus schwierig und schmerzlich. Saturn hat dir nämlich Angst vor dem Glück und sogar vor der Liebe eingepflanzt. Als wäre es für dich verboten, Zufriedenheit zu kosten, als müsstest du immer wieder die Erfahrung machen, dass das Leben bitter ist.
Woher kommen diese Ängste? Deine Psyche ist geprägt von traumatischen Erfahrungen. Es kann sein, dass sie aus früheren Leben stammen. Es ist aber genauso möglich, dass du mit bestimmten existenziellen Erfahrungen deiner Ahnen verbunden bist. Jedenfalls lebt in dir die Angst fort, deine Gefühle könnten missbraucht werden, so wie es schon einmal geschehen ist. Deswegen misstraue ich, Saturn im Zeichen Krebs, grundsätzlich allen Empfindungen. Es ist reiner Schutz. Du sollst über die Gefühle hinauswachsen, unabhängig und frei von ihnen werden.
Aber du darfst mich auch nicht zum Alleinherrscher über dein

Leben erheben und grundsätzlich vor allen Regungen davonlaufen. Du sollst klüger, erfahrener ins Leben treten, damit dir nichts Schlechtes widerfährt. Ziel deines Daseins ist es, deine Vergangenheit zu überwinden, nicht vor ihr zu kapitulieren. Stell dich deinen Gefühlen! Du bist kein Kind mehr, das man verletzen kann. Du bist eine erwachsene, starke Persönlichkeit!«

Saturn-Check
Wo muss man sich diesem Saturn beugen? Der Weg führt durch Leid, Schmerzen, Versagung und Verhinderung, unter Umständen auch durch Krankheit.
Welche Mittel und Methoden wendet Saturn an? Angst, Schmerzen, Versagung und Leid.
Worauf muss man achten? Das »Kind nicht mit dem Bad auszuschütten« sowie Gefühle zu missachten und zu unterdrücken.

Saturn im Zeichen Löwe – Über das Ego herrschen
Saturnstärken Selbstbeherrscht, erhaben, edel, vollendet
Saturnschwächen Arrogant, selbstherrlich

Die Botschaft Saturns lautet: »Du bist dafür bestimmt, das Höchste anzustreben – und musst doch immer wieder die Erfahrung machen, ganz unten zu sein. Durch mich, Saturn im Zeichen Löwe, werden Menschen geschmiedet, die Ruhm und Ehren erwerben, Meister und Führungspersönlichkeiten. Aber der Weg dorthin ist beschwerlich. Du wirst viel erdulden, durchmachen und verstehen müssen. Das Leben pendelt zwischen Macht und Ohnmacht, zwischen Stolz und Scham hin und her. Allmählich entwickelst du vielleicht Angst vor Macht, Verantwortung und Erfolg – und wirst doch davon auch regelrecht angezogen.
Diese Saturnposition kann mit der Zeit zu Unlust dem Leben gegenüber führen. Dagegen musst du dann selbst »zu Felde ziehen«. Zuvor aber brauchst du die Einsicht, was ich eigentlich bezwecken möchte. Bedenke, dass diese Stellung die Folge von

Machtmissbrauch ist. Vielleicht hast du in einem früheren Leben versagt, die Verantwortung nicht übernommen. Vielleicht trägst du aber auch an einer Schuld der eigenen Ahnen.

Saturn im Zeichen Löwe ›erzieht‹ dich dazu, dein Wirken, dein Verhalten und Sein zu überdenken und hinsichtlich sämtlicher Konsequenzen zu verantworten. Dazu gehört im Besonderen das Verhalten als Vater bzw. Mutter den eigenen Kindern gegenüber. Du musst die Verantwortung selbst dann übernehmen, wenn du nach gängiger Meinung davon freigesprochen wirst, wie zum Beispiel bei einer Krankheit oder einem Unfall.«

Saturn-Check
Wo muss man sich diesem Saturn beugen? Lernen, Verantwortung zu übernehmen.
Welche Mittel und Methoden wendet Saturn an? Man wird behindert, gedemütigt, kritisiert.
Worauf muss man achten? Nicht zu einem lust- und lebensfeindlichen Menschen zu werden.

Saturn im Zeichen Jungfrau – Über den Körper herrschen

Saturnstärken Treue, Anhänglichkeit, Arbeitseifer, Selbstkontrolle, Genügsamkeit
Saturnschwächen Ernst, Pedanterie, Kritiksucht

Die Botschaft Saturns lautet: »Bei dir trifft Kontrolle auf Kontrolle. Denn allein das Zeichen Jungfrau bedeutet, dass man seine Gefühle, seine Triebe, seinen Sex, seinen gesamten Körper im Griff hat. Wenn dann ich, Saturn, noch hinzukomme, verdoppelt sich die vorsichtige und kritische Einstellung. Bei dermaßen viel Skepsis muss in der Vergangenheit (in einem früheren Leben, in der eigenen Ahnenreihe) etwas geschehen sein, das große Angst hervorgerufen hat: Angst vor Sexualität und dem damit verbundenen Akt der Zeugung, Angst vor Schwangerschaft und Geburt.

Saturn in der Jungfrau verweist auf ein ›Versagen‹ in diesem Bereich: Vielleicht musste eine Schwangerschaft abgebrochen werden, möglicherweise kam ein Kind tot zur Welt, oder beide, Mutter und Kind, starben.

Durch meine Position wird jetzt ein Riegel vor Sex und Zeugung geschoben, werden die Gefühle blockiert, wird die Lust verringert, wird versucht, aus dem ›Tiermenschen‹ mit seiner Abhängigkeit von Lust und Trieben einen Homo sapiens im wahrsten Sinne des Wortes, einen ›weisen‹ Menschen zu machen. Ich, Saturn, verhindere also und wecke zugleich die Sehnsucht, das Körperhafte des Lebens zu transformieren, ein Wesen zu sein, dessen Energie nicht aus den Lenden, sondern aus dem Geist kommt. Das heißt beileibe nicht, dass du dich in ein Kloster zurückziehen sollst. Aber du musst dich mit diesem Thema auseinandersetzen. Das bleibt niemandem erspart, dessen Saturn im Zeichen Jungfrau steht.«

Saturn-Check
Wo muss man sich diesem Saturn beugen? Man muss seine Lust kontrollieren.
Welche Mittel und Methoden wendet Saturn an? Versagen, Enttäuschung, Krankheit, darauf muss man gefasst sein. Einsicht ist Bedingung.
Worauf muss man achten? Seine Lust nicht vollständig zu unterdrücken. Lustfeindlichkeit ist nicht das Ziel.

Saturn im Zeichen Waage – Über die Liebe herrschen

Saturnstärken Gerechtigkeitssinn, Ausgewogenheit, wahrhaftig lieben können

Saturnschwächen Disharmonie, Unzufriedenheit, Gefühlskälte, Einsamkeit

Die Botschaft Saturns lautet: »Meine Position bedeutet die Aufforderung, nach der ›richtigen‹, wahren‹ Liebe zu suchen. Ihr muss dein ganzes Sehnen und Streben gelten. Um sie zu finden, wirst du jede Menge Enttäuschungen zu verkraften haben. Denn was du für Liebe hältst – den Rausch der Sinne, überwältigende Gefühle, Herz und Schmerz –, hat vor mir, deinem Saturn, keinen Bestand. In meinen Augen heißt Liebe, dass sich Ich und Du, der eine und der andere, gleichwertig gegenübertreten. Niemand ist kleiner oder größer, gescheiter oder dümmer, wichtiger oder unbedeutender, reifer oder naiver. Das klingt einfach und ganz selbstverständlich, ist es aber nicht. Menschen haben von Natur aus das Bestreben, sich selbst zu verwirklichen, andere hingegen (und dazu zählen auch Partner) hintanzustellen. Darüber hinaus bestehe ich auf Zuverlässigkeit. Vor mir zählt noch das ›eherne‹ Gesetz ›… bis dass der Tod euch scheidet‹.

Es sind gravierende Dinge geschehen (in einem früheren Leben, in der Ahnenreihe), deshalb wache ich, Saturn, jetzt persönlich über die Liebe. Es kam zu unwürdigem Verhalten. Jemand wurde im Stich gelassen. Die Liebe wurde verraten. Herzen wurden gebrochen … Jetzt ›zahlst‹ du dafür. Aber es ist keine Rache oder Strafe. Ich, Saturn, mache mich stark, damit du derlei Fehlverhalten vermeidest. Ich bringe dich auf den Weg.«

Saturn-Check

Wo muss man sich diesem Saturn beugen? Man muss lernen, verbindlich zu sein.

Welche Mittel und Methoden wendet Saturn an? Falsche Liebe, Liebeskummer und Alleinsein drohen.

Worauf muss man achten? Die Liebe nicht restlos zu »vergessen«.

Saturn im Zeichen Skorpion – Über die Vergänglichkeit herrschen

Saturnstärken Tiefe, Zugehörigkeit, Willenskraft, Verbundenheit mit den Ahnen
Saturnschwächen Engstirnigkeit, Fanatismus

Die Botschaft Saturns lautet: »Meine Position verweist auf tragische, leidvolle Erfahrungen. Könntest du dein Leben bzw. das deiner Familie rückwärts abspulen, würden rasch Szenen auftauchen, in denen jemand auf der Flucht, vertrieben, ohne Heimat, ohne Zugehörigkeit ist. Diese Themen beherrschen deine Ahnenreihe weit über deine Großeltern hinaus. Man hat keine richtigen Wurzeln, kein Erbe, das man übernehmen, keine Fußstapfen, in die man treten kann. Wenn man zurückschaut, finden sich Leben ohne Glanz, ohne Würde, ohne Höhepunkt. Daher dränge ich, Saturn, dich mit aller Macht dazu, deinem Leben einen Wert zu verleihen. Denn das Gefühl, dass die eigenen Ahnen ein würdeloses Dasein fristen mussten, formt sich in den Seelen der Nachkommen zu einem großen, mächtigen Anspruch, es besser zu machen, den Gipfel zu ersteigen.

Ich, Saturn im Zeichen Skorpion, veranlasse dich, die dünnen Fäden aus deiner Vergangenheit aufzuspüren und im Laufe deines Lebens ein Netz daraus zu knüpfen – um so wieder einen Halt zu finden. In der Weise, wie du dich umdrehst und vor der Vergangenheit verneigst, bekommst du eine Verbindung zu deinen Vorfahren sowie der eigenen Vergangenheit und erhältst Kraft und Wissen. Das ist der ›Dank der Ahnen‹. Wenn du dich ihrer annimmst, erfährst du ihren Schutz und bist nie mehr allein im Leben. Hinter dir steht die Kraft der Vergangenheit.«

Saturn-Check
Wo muss man sich diesem Saturn beugen? Sich vor der Vergangenheit verbeugen.
Welche Mittel und Methoden wendet Saturn an? Man muss hohe Ansprüche an sich selbst und sein Leben stellen.

Worauf muss man achten? Nicht in der Vergangenheit zu »ertrinken«, Gegenwart und Zukunft nicht aus den Augen zu verlieren.

Saturn im Zeichen Schütze – Über Wahrheit und Wissen herrschen

Saturnstärken Pioniergeist, Mut, Weisheit, Stärke, Wahrhaftigkeit
Saturnschwächen Dünkel, Zynismus, Grausamkeit

Die Botschaft Saturns lautet: »Dein Leben ist eine Reise zu dir selbst. Du musst dir deinen eigenen Weg suchen! Lass dich nicht von anderen beeinflussen. Hör nur auf dich! Diese starke Hinwendung zu dir selbst ist verbunden mit einer Abkehr von deinem Umfeld und beruht auf einer Reihe großer Enttäuschungen in der Vergangenheit (der eigenen bzw. der Ahnen), bei denen der Glaube an andere Menschen verloren gegangen ist: Vielleicht hat ein Arzt versagt, es ist ihm ein Fehler unterlaufen, oder er hat sich zu wenig Mühe gegeben. Vielleicht wurdest du oder jemand aus deiner Familie in seinem Glauben zutiefst erschüttert, weil ›Gott‹ ein schreckliches Geschehen zuließ, einem nicht beistand. Es gehört auch zur Vergangenheit von Menschen mit dieser Saturnposition, dass sie – um zu überleben – ihrem Glauben abschwören mussten. Jedenfalls bestand am Anfang eine große Hoffnung, die schließlich in eine große Enttäuschung mündete.
Mit mir, Saturn im Zeichen Schütze, hast du einen Vertrauten an deiner Seite, einen, der hilft, derartige Enttäuschungen zu vermeiden. Mit mir bist du von vornherein skeptisch. Du kommst bereits mit Misstrauen auf die Welt, und im Laufe der Jahre gewöhnst du dich immer stärker daran, alles in Frage zu stellen. Du wirst ein Mensch, der zwischen Illusion und Wahrheit genau unterscheiden kann. Du wirst weise.«

Saturn-Check
Wo muss man sich diesem Saturn beugen? Er verlangt Selbstvertrauen.
Welche Mittel und Methoden wendet Saturn an? Er führt einen durch Enttäuschungen, Fehlschläge und Irrwege.
Worauf muss man achten? Kein grundsätzliches Misstrauen zu entwickeln, nicht gänzlich an der Welt zu verzweifeln.

Saturn im Zeichen Steinbock – Über sich und andere herrschen

Saturnstärken Klarheit, Standhaftigkeit, Verantwortlichkeit, Führungskompetenz, Selbstbeherrschung
Saturnschwächen Kälte, Rücksichtslosigkeit, Einsamkeit

Die Botschaft Saturns lautet: »Du besitzt einen besonders mächtigen Saturn. Das kommt daher, dass ich der regierende Planet des Tierkreiszeichens Steinbock bin. Ich bin hier zu Hause und kann mich gut entfalten. Meine Kraft verdoppelt sich im Steinbockzeichen. Auf der einen Seite führt dies dazu, dass du kontinuierlich an einer Lebensaufgabe arbeitest. Sie lautet: Du sollst etwas Großes vollbringen!
Auf der anderen Seite führt diese doppelte Saturnkontrolle dazu, sich selbst und vor allem seinen Gefühlen zu misstrauen.
Dies hat seine Wurzeln in der Vergangenheit (in einem früheren Leben, im Leben der Ahnen), in der du bzw. deine Vorfahren ausgenutzt, manipuliert oder sogar missbraucht wurden. Zu denken ist auch an eine Verführung oder einen gewalttätigen Missbrauch von Kindern, wohl die verwerflichste Untat. Irgendetwas in dieser Art muss Ursache dafür sein, dass du dir heute selbst nicht mehr vertraust. Für dich sind Menschen gefährlich, unberechenbar, zu allem fähig.
In der Weise, wie du älter wirst und erfährst, dass das Leben, du und die anderen berechenbar sind, wirst du neues Vertrauen schöpfen. Du wirst neue Gefühle entdecken, solche, die weniger

aus dem Bauch, sondern aus dem Herzen kommen. Du wirst lieben, mit anderen Menschen zusammen sein, aber auch allein sein können. Du wirst unabhängig, selbständig, und dein Leben wird getragen von Stimmigkeit und Zufriedenheit. Jetzt obliegt dir auch, andere zu führen. Denn du wirst sie nicht ›verkrüppeln‹ und ›züchtigen‹, sondern zu Weisheit und Liebe führen.«

Saturn-Check
Wo muss man sich diesem Saturn beugen? Man muss lernen, Herr seiner selbst zu sein.
Welche Mittel und Methoden wendet Saturn an? Angst, Vorsicht, Enttäuschung.
Worauf muss man achten? Kein Einsiedler und kein Menschenfeind zu werden.

Saturn im Zeichen Wassermann – Über das Chaos herrschen

Saturnstärken Individualität, Erfindungsgabe, Menschlichkeit
Saturnschwächen Chaotisch, verwirrt und verrückt sein, Hochstapelei

Die Botschaft Saturns lautet: »Du suchst etwas besonders Wertvolles im Leben, nämlich Individualität. Einzigartigkeit ist kostbar. Zwar sagt man leicht dahin, jemand sei ein Individuum. Aber das ist hier nicht im formellen Sinne gemeint. Ein wirkliches Individuum besitzt einen eigenen Charakter, etwas Besonderes und Einmaliges. Dadurch unterscheidet sich der Einzelne von allen anderen Menschen, vergleichbar einem als Solitär dastehenden Baum in einer Landschaft. Dieser Wunsch nach Einmaligkeit ist uralt. Du trägst ihn schon lange mit dir herum (viele Leben, durch Generationen hindurch). Du bist aus der Gesellschaft ausgebrochen, hast deine Familie verlassen – immer auf der Suche nach Freiheit, nach Individualität. Du hast Menschen mit anderem Glauben, aus anderen Ländern und aus anderen sozialen Schichten geliebt. Kinder kamen, noch bevor ein längeres Zusammenleben überhaupt zur Diskussion stand. Du selbst entstammst letztlich einer derartigen ›Augenblicksverbindung‹. Du verdankst dein Dasein einem sogenannten Zufall, einer Laune des Schicksals sowie der Spontaneität und Freiheit deiner Vergangenheit.

Aber du warst auch blind und unwissend und erlebtest daher grandiose Irrungen und Verwirrungen. Du erlittest die große Angst vor dem Chaos, vor einem Sein ohne Ordnung und Sicherheit. Du wurdest ausgestoßen und verbannt, verjagt und geächtet. – Jetzt begleitet dich Saturn. Mit mir wirst du dein freies Leben fortführen und dich dabei immer sicherer am Chaos vorbeimanövrieren.«

Saturn-Check
Wo muss man sich diesem Saturn beugen? Man muss lernen, seine Individualität zu leben, ohne im Chaos unterzugehen.
Welche Mittel und Methoden wendet Saturn an? Reinfall, Bruchlandung und Fehlentscheidung.
Worauf muss man achten? Dass man den Kontakt zu anderen Menschen nicht verliert.

Saturn im Zeichen Fische – Sein Mitgefühl beherrschen

Saturnstärken Toleranz, Opferbereitschaft, Weitblick, Visionen
Saturnschwächen Ich-Schwäche, Isolation, Selbstzweifel

Die Botschaft Saturns lautet: »Wie im Märchen wird dir aufgetragen, dich auf eine Reise zu begeben. Wohin? Vielleicht zum Ende des goldenen Regenbogens. Ans Ende der Welt. Oder nirgendwohin. Mit mir, Saturn im Zeichen Fische, ist dir ein Geheimnis in die Wiege gelegt. Aber mehr weiß man nicht. Das Geheimnis hat damit zu tun, dass in deiner Vergangenheit (in einem früheren Leben, in deiner Ahnenreihe) jemand verschwiegen wurde: ein Kind, eine andere Frau, der richtige Vater … Dieses verleugnete, verheimlichte Leben fehlt jetzt deiner Seele, und sie sucht danach, ohne dass du es selbst bewusst wahrnimmst.

Dir ist infolgedessen ein besonderes ›Organ‹ für Unrecht und Lüge gegeben. Wo immer in dieser Welt Unrecht geschieht, leidest du mit. Jedes Leid ziehst du regelrecht an. Aber das hat auch fatale Folgen für die Liebe. Du neigst dazu, dir einen Partner zu suchen, der ganz besonders der Zuwendung bedarf, weil er unglücklich ist. Dann kannst du ihm – so meinst du zumindest – all das angedeihen lassen, was in der Vergangenheit nicht geschehen ist: grenzenlose Liebe. Du nimmst ihn an. Du bist für ihn da. Du verstößt ihn nicht.

Aber das ist der falsche Weg. Du musst mit der Vergangenheit fertig werden und sie nicht ständig vor dir hertragen. So wiederholst du nur dein Karma. Du brauchst nicht aufzuhören, andere zu lieben. Aber du darfst das rechte Maß nicht aus den Augen verlieren.«

Saturn-Check

Wo muss man sich diesem Saturn beugen? Man muss sich mit seiner Vergangenheit auseinandersetzen.

Welche Mittel und Methoden wendet Saturn an? Desillusionierung und Enttäuschung.

Worauf muss man achten? Die Vergangenheit nicht endlos zu wiederholen.

Zum Schluss

Seit nunmehr über dreißig Jahren beschäftige ich mich mit Astrologie. In dieser Zeit entstanden über sechzig Bücher zu diesem Thema. In zahlreichen Journalen und Zeitungen finden sich regelmäßig wöchentliche, teilweise sogar tägliche astrologische Beiträge von mir. In Einzelsitzungen, Seminaren, Aus- oder Weiterbildungen bin ich in meiner Tätigkeit als Astrologe einigen tausend Menschen begegnet.

Bei der ausgiebigen und intensiven Beschäftigung mit der Astrologie war mir immer daran gelegen, mich diesem geheimnisvollen »Kult« auf verschiedenen Ebenen zu nähern: auf einer leichten, unterhaltsamen in manchen journalistischen Beiträgen und auf einer ernsthaften, in die Tiefe führenden in meinen Büchern. Die populäre, eher spielerische Variante, wie sie Zeitungen oder Zeitschriften präsentieren, rückt die astrologischen Gegebenheiten ins Bewusstsein der Leser, macht neugierig und bewegt den einen oder anderen dazu, sich näher damit zu befassen. Die Astrologie scheint ohnehin eine ausgesprochen volkstümliche Komponente zu haben. Ich bin immer wieder erstaunt, dass eigentlich jeder, egal, ob er sich mit ihr beschäftigt hat oder nicht, gleich mitreden kann. Er »weiß« etwas über den Widder, den Stier, den Zwilling oder die Jungfrau. Ich bin überzeugt, dass es diese Nähe zum Alltag und Normalen ist, die die Astrologie letztendlich unverwüstlich gemacht hat.

Ich habe Psychologie studiert und war zehn Jahre lang als Psychotherapeut aktiv. Mein Wechsel zur Astrologie geschah langsam und voller Skepsis. Wie jeder denkende Mensch ist auch mir ein Zusammenspiel von kosmischen Bewegungen und menschlichem Sein nahezu unvorstellbar. Aber ich wurde immer wieder eines Besseren belehrt: Es existieren Parallelen respektive Analogien zwischen »oben« und »unten«. Doch diese Verbindung ist nicht fest oder mechanisch. Es gibt Widersprüche, Ausnahmen, Irrungen und Verwirrungen. Jeder, der sich tiefer mit der Astrologie beschäftigt, betritt früher oder später einen Raum, der voller

Wunder, aber auch voller Rätsel ist. Aus einem Horoskop lassen sich unglaubliche Schlussfolgerungen ziehen, die zum Beispiel einem Psychologen – wenn überhaupt – erst nach langen Explorationen zugänglich werden. Ein Horoskop beleuchtet das Wesen eines Menschen, offenbart seine Herkunft, seine Stellung in der Welt und seine Zukunft. Dennoch steht man auch immer wieder vor Abweichungen und Ausnahmen.

»Astra inclinant, non necessitant«, zu Deutsch: »Die Sterne machen geneigt, doch sie zwingen nicht«. Dieses berühmte und beflügelnde Zitat, das Thomas von Aquin (1225–1274) zugeschrieben wird, hat mich immer bei meiner Arbeit begleitet. Heute würde ich es sogar folgendermaßen umformulieren: »Die Sterne lösen Rätsel und decken Geheimnisse auf. Aber sie schaffen auch viele neue ...«